保密工作
实用手册

BAOMI GONGZUO
SHIYONG SHOUCE

法律出版社法规中心 编

法律出版社
LAW PRESS · CHINA
—— 北京 ——

图书在版编目(CIP)数据

保密工作实用手册 / 法律出版社法规中心编. -- 北京 : 法律出版社, 2024(2025.11 重印)
ISBN 978-7-5197-8891-9

Ⅰ. ①保… Ⅱ. ①法… Ⅲ. ①保密-工作-中国-手册 Ⅳ. ①D631.3-62

中国国家版本馆 CIP 数据核字(2024)第 039756 号

保密工作实用手册
BAOMI GONGZUO SHIYONG SHOUCE

法律出版社 法规中心 编

责任编辑 李群 赵雪慧 王睿
装帧设计 李瞻

出版发行 法律出版社
编辑统筹 法规出版分社
责任校对 王晓萍
责任印制 耿润瑜
经　　销 新华书店

开本 A5
印张 6.125　**字数** 133 千
版本 2024 年 3 月第 1 版
印次 2025 年 11 月第 4 次印刷
印刷 涿州市星河印刷有限公司

地址:北京市丰台区莲花池西里 7 号(100073)
网址:www.lawpress.com.cn
投稿邮箱:info@lawpress.com.cn
举报盗版邮箱:jbwq@lawpress.com.cn
销售电话:010-83938349
客服电话:010-83938350
咨询电话:010-63939796

书号:ISBN 978-7-5197-8891-9
定价:25.00 元
凡购买本社图书,如有印装错误,我社负责退换。电话:010-83938349

目　录

一、保密基础知识

（一）保密工作方针、原则和管理体制

1 保密工作《宪法》依据

《宪法》第53条规定："中华人民共和国公民必须遵守宪法和法律，保守国家秘密，爱护公共财产，遵守劳动纪律，遵守公共秩序，尊重社会公德。"

2 保密工作方针

坚持中国共产党对保守国家秘密工作的领导。中央保密工作领导机构领导全国保密工作，研究制定、指导实施国家保密工作战略和重大方针政策，统筹协调国家保密重大事项和重要工作，推进国家保密法治建设。

3 保密工作原则

保密工作坚持总体国家安全观，遵循党管保密、依法管理，积极防范、突出重点，技管并重、创新发展的原则，既确保国家秘密

安全,又便利信息资源合理利用。法律、行政法规规定公开的事项,应当依法公开。

4 保密工作管理体制

(1)国家保密行政管理部门主管全国的保密工作。县级以上地方各级保密行政管理部门在上级保密行政管理部门指导下,主管本行政区域的保密工作。

(2)国家机关和涉及国家秘密的单位管理本机关和本单位的保密工作。

(3)中央国家机关在其职权范围内管理或者指导本系统的保密工作,监督执行保密法律法规,可以根据实际情况制定或者会同有关部门制定主管业务方面的保密规定。

(4)机关、单位实行保密工作责任制,承担本机关、本单位保密工作主体责任。机关、单位主要负责人对本机关、本单位的保密工作负总责,分管保密工作的负责人和分管业务工作的负责人在职责范围内对保密工作负领导责任,工作人员对本岗位的保密工作负直接责任。机关、单位应当加强保密工作力量建设,中央国家机关应当设立保密工作机构,配备专职保密干部,其他机关、单位应当根据保密工作需要设立保密工作机构或者指定人员专门负责保密工作。机关、单位及其工作人员履行保密工作责任制情况应当纳入年度考评和考核内容。

(二)涉密人员

1 涉密人员的定义

涉密人员,是指在日常工作中产生、经管或者经常接触、知悉国家秘密事项的岗位工作的人员。

2 涉密人员的分类

涉密人员按照涉密程度分为核心涉密人员、重要涉密人员和一般涉密人员。

3 涉密人员的岗位要求

涉密人员应当具有良好的政治素质和品行,经过保密教育培训,具备胜任涉密岗位的工作能力和保密知识技能,签订保密承诺书,严格遵守国家保密规定,承担保密责任。

4 涉密人员的管理要求

(1)日常管理。

机关、单位应当建立健全涉密人员管理制度,明确涉密人员的权利、岗位责任和要求,对涉密人员履行职责情况开展经常性的监督检查。

（2）出境管理。

涉密人员出境应当经有关部门批准，有关机关认为涉密人员出境将对国家安全造成危害或者对国家利益造成重大损失的，不得批准出境。

（3）脱密期管理。

涉密人员离岗离职应当遵守国家保密规定。机关、单位应当开展保密教育提醒，清退国家秘密载体，实行脱密期管理。涉密人员在脱密期内，不得违反规定就业和出境，不得以任何方式泄露国家秘密；脱密期结束后，应当遵守国家保密规定，对知悉的国家秘密继续履行保密义务。涉密人员严重违反离岗离职及脱密期国家保密规定的，机关、单位应当及时报告同级保密行政管理部门，由保密行政管理部门会同有关部门依法采取处置措施。

5 涉密人员的法律保护

涉密人员的合法权益受法律保护。按照国家有关规定给予因保密原因合法权益受到影响和限制的涉密人员相应待遇或者补偿。

二、国家秘密

（一）基本内容

1 国家秘密的定义

国家秘密是关系国家安全和利益，依照法定程序确定，在一定时间内只限一定范围的人员知悉的事项。

2 国家秘密的法律保护

国家秘密受法律保护。一切国家机关和武装力量、各政党和各人民团体、企业事业组织和其他社会组织以及公民都有保密的义务。任何危害国家秘密安全的行为，都必须受到法律追究。

3 国家秘密的范围

国家机关和涉及国家秘密的单位不得将依法应当公开的事项确定为国家秘密，不得将涉及国家秘密的信息公开。

下列涉及国家安全和利益的事项，泄露后可能损害国家在政治、经济、国防、外交等领域的安全和利益的，应当确定为国家秘密:(1)国家事务重大决策中的秘密事项;(2)国防建设和武装力量活动中的秘密事项;(3)外交和外事活动中的秘密事项以及对外承担保密义务的秘密事项;(4)国民经济和社会发展中的秘密事项;(5)科学技术中的秘密事项;(6)维护国家安全活动和追查刑事犯罪中的秘密事项;(7)经国家保密行政管理部门确定的其他秘密事项。政党的秘密事项中符合上述规定的,属于国家秘密。

下列事项不得确定为国家秘密:(1)需要社会公众广泛知晓或者参与的;(2)属于工作秘密、商业秘密、个人隐私的;(3)已经依法公开或者无法控制知悉范围的;(4)法律、法规或者国家有关规定要求公开的。

4 保密期限

国家秘密具体保密期限一般应当以日、月或者年计;不能确定具体保密期限的,应当确定解密时间或者解密条件。国家秘密的解密条件应当明确、具体、合理。除保密事项范围有明确规定外,国家秘密的保密期限不得确定为长期。

国家秘密的保密期限,应当根据事项的性质和特点,按照维护国家安全和利益的需要,限定在必要的期限内;不能确定期限的,应当确定解密的条件。国家秘密的保密期限,除另有规定外,绝密级不超过30年,机密级不超过20年,秘密级不超过10年。机关、单位应当根据工作需要,确定具体的保密期限、解密时间或者解密条件。机关、单位对在决定和处理有关事项工作过程中确定需要保密的事项,根据工作需要决定公开的,正式公布时即视为解密。

5 知悉范围

国家秘密的知悉范围，应当根据工作需要限定在最小范围。

国家秘密的知悉范围能够限定到具体人员的，限定到具体人员；不能限定到具体人员的，限定到机关、单位，由该机关、单位限定到具体人员。

国家秘密的知悉范围以外的人员，因工作需要知悉国家秘密的，应当经过机关、单位主要负责人或者其指定的人员批准。原定密机关、单位对扩大国家秘密的知悉范围有明确规定的，应当遵守其规定。

6 国家秘密标志

机关、单位对承载国家秘密的纸介质、光介质、电磁介质等载体（国家秘密载体）以及属于国家秘密的设备、产品，应当作出国家秘密标志。涉及国家秘密的电子文件应当按照国家有关规定作出国家秘密标志。不属于国家秘密的，不得作出国家秘密标志。

国家秘密一经确定，应当在国家秘密载体上规范作出国家秘密标志。国家秘密标志形式为“密级★保密期限”、“密级★解密时间”或者“密级★解密条件”。

在纸介质和电子文件国家秘密载体上作出国家秘密标志的，应当符合有关国家标准。没有国家标准的，应当标注在封面左上角或者标题下方的显著位置。光介质、电磁介质等国家秘密载体和属于国家秘密的设备、产品的国家秘密标志，应当标注在壳体及封面、外包装的显著位置。国家秘密标志应当与载体不可分离，明显并易于识别。无法作出或者不宜作出国家秘密标志的，确定该国家秘密的机关、单位应当书面通知知悉范围内的机关、单位或者人员。

(二)保密事项范围

1 保密事项范围的形式

保密事项范围包括正文和目录。正文规定本行业、本领域国家秘密的基本范围,目录规定国家秘密具体事项的名称、密级、保密期限、知悉范围和产生层级。

2 保密事项范围的内容

有定密权的机关、单位应当依据本行业、本领域和相关行业、领域保密事项范围目录,制定、修订国家秘密事项一览表,明确本机关、本单位产生的国家秘密事项的具体内容、密级、保密期限、知悉范围、产生部门或者岗位、制定依据等。

国家秘密事项一览表,应当经本机关、本单位负责人审定后实施,并报同级保密行政管理部门备案。

3 保密事项范围的确定

国家秘密及其密级的具体范围,即保密事项范围,由国家保密行政管理部门单独或者会同有关中央国家机关规定。军事方面的保密事项范围,由中央军事委员会规定。保密事项范围的确定应当遵循必要、合理原则,科学论证评估,并根据情况变化及时调整。保密事项范围的规定应当在有关范围内公布。

两个以上机关、单位共同产生的国家秘密事项，由主办机关、单位征求协办机关、单位意见后确定。临时性工作机构的定密工作，由承担该机构日常工作的机关、单位负责。

4 保密事项范围制定、修订规则

国家保密行政管理部门负责对保密事项范围制定、修订和使用工作进行指导监督。中央和国家机关负责组织制定、修订本行业、本领域保密事项范围并组织教育培训，对保密事项范围的使用进行指导监督。地方各级保密行政管理部门负责对本行政区域内机关、单位使用保密事项范围工作进行指导监督。

5 保密事项范围的起草部门

保密事项范围由国家保密行政管理部门单独或者会同有关中央和国家机关规定。国家保密行政管理部门会同有关中央和国家机关规定的，由部门主要负责人共同签署批准。

军事方面的保密事项范围，由中央军事委员会规定。

（三）密　　级

1 国家秘密的分级

国家秘密的密级分为绝密、机密、秘密三级。

绝密级国家秘密是最重要的国家秘密，泄露会使国家安全和利益遭受特别严重的损害;机密级国家秘密是重要的国家秘密,泄露会使国家安全和利益遭受严重的损害;秘密级国家秘密是一般的国家秘密,泄露会使国家安全和利益遭受损害。

2 定密负责人

(1)机关、单位主要负责人及其指定的人员为定密责任人,负责本机关、本单位的国家秘密确定、变更和解除工作。机关、单位确定、变更和解除本机关、本单位的国家秘密,应当由承办人提出具体意见,经定密责任人审核批准。

(2)机关、单位主要负责人为本机关、本单位的法定定密责任人,对定密工作负总责。根据工作需要,机关、单位法定定密责任人可以明确本机关、本单位其他负责人、内设机构负责人或者其他人员为指定定密责任人,并明确相应的定密权限,负责其职责范围内定密工作。指定定密责任人不得再确定其他人员为定密责任人。机关、单位定密责任人应当熟悉涉密业务工作,符合在涉密岗位工作的基本条件。

(3)机关、单位应当在本机关、本单位内部公布定密责任人名单及其定密权限,并报同级保密行政管理部门备案。机关、单位定密责任人和承办人应当接受定密培训,熟悉定密职责和有关保密事项范围,掌握定密程序和方法。

(4)机关、单位法定定密责任人发现指定定密责任人未依法履行定密职责的,应当及时纠正;有下列情形之一的,应当作出调整:①不符合《国家秘密定密管理规定》第25条定密责任人岗位要求,无法履行定密职责的;②定密不当,情节严重的;③因离岗离职无法继续履行定密职责的;④保密行政管理部门建议调整的;⑤因其他原因不宜从事定密工作的。

(5)定密责任人在职责范围内承担有关国家秘密确定、变更和解除工作,指导、监督职责范围内的定密工作。具体职责是:①审核批准承办人拟定的国家秘密的密级、保密期限和知悉范围;②对本机关、本单位产生的尚在保密期限内的国家秘密进行审核,作出是否变更或者解除的决定;③参与制定修订本机关、本单位国家秘密事项一览表;④对是否属于国家秘密和属于何种密级不明确的事项先行拟定密级、保密期限和知悉范围,并按照规定的程序报保密行政管理部门确定。

3 定密权限

确定国家秘密的密级,应当遵守定密权限。

中央国家机关、省级机关及其授权的机关、单位可以确定绝密级、机密级和秘密级国家秘密;设区的市级机关及其授权的机关、单位可以确定机密级和秘密级国家秘密;特殊情况下无法按照上述规定授权定密的,国家保密行政管理部门或者省、自治区、直辖市保密行政管理部门可以授予机关、单位定密权限。具体的定密权限、授权范围由国家保密行政管理部门规定。

下级机关、单位认为本机关、本单位产生的有关定密事项属于上级机关、单位的定密权限,应当先行采取保密措施,并立即报请上级机关、单位确定;没有上级机关、单位的,应当立即提请有相应定密权限的业务主管部门或者保密行政管理部门确定。

公安机关、国家安全机关在其工作范围内按照规定的权限确定国家秘密的密级。

4 定密授权

(1)中央和国家机关、省级机关以及设区的市级机关(以下统称授权机关)可以根据保密工作需要或者有关机关、单位申请,在国家保密行政管理部门规定的定密权限、授权范围内,作出定密授权。保密行政管理部门应当将授权机关名单在有关范围内公布,并根据情况变化及时调整。

(2)中央和国家机关、省级机关可以在工作职责范围内作出授予绝密级、机密级和秘密级国家秘密定密权的决定。设区的市级机关可以在工作职责范围内作出授予机密级和秘密级国家秘密定密权的决定。定密授权不得超出授权机关的定密权限。被授权机关、单位不得再行授权。

(3)授权机关根据工作需要,可以对经常产生本行业、本领域保密事项范围规定事项但无相应定密权限的机关、单位作出定密授权;也可以对承担本机关涉密业务的机关、单位,就具体事项作出定密授权。

(4)没有定密权但经常产生国家秘密事项的机关、单位,或者虽有定密权但经常产生超出其定密权限的国家秘密事项的机关、单位,可以向授权机关申请定密授权。机关、单位申请定密授权,应当向有相应定密权限的业务主管部门或者上级机关提出。无法按照上述规定申请授权的,可以向国家保密行政管理部门或者省、自治区、直辖市保密行政管理部门提出。机关、单位申请定密授权,应当书面说明拟申请的定密权限、事项范围、授权期限以及申请依据和理由。

(5)有下列情形之一的,国家保密行政管理部门或者省、自治区、直辖市保密行政管理部门可以根据工作需要或者有关机关、单位申请,作出授予定密权的决定:①申请定密授权的机关、单位没有上级机关或者业务主管部门不明确的;②定密授权申请涉及多个行业、领域国家秘密事项的;③保密行政管理部门认为需要授予定密权的其他情形。中央单位应当向国家保密行政管理部门申请定密授权,其他单位应当向省、自治区、直辖市保密行政管理部门申请定密授权。

(6)授权机关依照本行业、本领域保密事项范围作出定密授权。根据工作需要,上级机关可以对下级机关、单位的组织、纪检监察、财务、审计、保密、档案、信访等事项作出定密授权。

(7)授权机关收到定密授权申请后,应当依据保密法律法规和保密事项范围对是否符合授权条件进行审查,在 30 日内作出定密授权或者不予授权的决定。定密授权决定应当以书面形式作出,明确被授权机关、单位的名称和具体定密权限、事项范围、授权期限,授权期限一般不超过 5 年。

(8)授权机关应当对被授权机关、单位行使定密权情况进行监督,对发现的问题及时纠正。被授权机关、单位应当规范行使定密权,主动向授权机关报告定密权行使情况,接受授权机关指导、监督。保密行政管理部门发现定密授权不当或者被授权机关、单位对定密权行使不当的,应当通知有关机关、单位纠正。

(9)被授权机关、单位不再经常产生授权范围内的国家秘密事项,或者因保密事项范围调整授权事项不再作为国家秘密的,授权机关应当及时撤销定密授权。因保密事项范围调整授权事项密级发生变化的,授权机关应当重新作出定密授权。

(10)中央和国家机关、省级机关和省、自治区、直辖市保密行政管理部门作出的授权决定和撤销授权决定,应当报国家保密行政管理部门备案。设区的市级机关作出的授权决定和撤销授权决定,应当报省、自治区、直辖市保密行政管理部门备案。机关、单位收到定密授权决定或者撤销定密授权决定后,应当报同级保密行政管理部门备案。

5 确定密级

(1)机关、单位执行上级确定的国家秘密事项或者办理其他机关、单位确定的国家秘密事项,需要派生定密的,应当根据所执行、办理的国家秘密事项的密级确定。

(2)机关、单位对所产生的国家秘密事项,应当按照保密事项范围的规定确定密级,同时确定保密期限和知悉范围;有条件的可以标注密点。

6 密级不明确或有争议的处理

机关、单位对是否属于国家秘密或者属于何种密级不明确或者有争议的,由国家保密行政管理部门或者省、自治区、直辖市保密行政管理部门按照国家保密规定确定。

机关、单位对已确定的国家秘密事项是否属于国家秘密或者属于何种密级有不同意见的,可以向原定密机关、单位提出异议,由原定密机关、单位作出决定。机关、单位对原定密机关、单位未予处理或者对作出的决定仍有异议的,按照下列规定办理:(1)确定为绝密级的事项和中央国家机关确定的机密级、秘密级的事项,报国家保密行政管理部门确定。(2)其他机关、单位确定的机密级、秘密级的事项,报省、自治区、直辖市保密行政管理部门确定;对省、自治区、直辖市保密行政管理部门作出的决定有异议的,可以报国家保密行政管理部门确定。在原定密机关、单位或者保密行政管理部门作出决定前,对有关事项应当按照主张密级中的最高密级采取相应的保密措施。

7 密级、保密期限和知悉范围的确定

(1)机关、单位原始定密应当按照定密权限,依据保密事项范围确定密级、保密期限和知悉范围:①密级应当按照目录的规定确定,不得高于或者低于规定的密级;②保密期限应当在目录规定的最长保密期限内合理确定,不得超出最长保密期限。明确为长期的,不得擅自变更。规定解密条件或者解密时间的,从其规定;③知悉范围应当依据目录的规定,根据工作需要限定到具体人员。不能限定到具体人员的,应当限定到具体单位、部门或者岗位;④产生层级应当符合目录的规定,不符合目录规定,确需定密的,报上级机关、单位确定。

(2)机关、单位派生定密应当依据所执行或者办理的已定密事项确定密级、保密期限和知悉范围。

8 定密监督

(1)机关、单位应当定期对本机关、本单位定密以及定密责任人履行职责、定密授权等定密制度落实情况进行检查,对发现的问题及时纠正。

(2)具有系统管理或者指导职能的中央和国家机关应当在其职权范围内对本系统、本行业的定密工作进行管理或者指导,监督执行定密规定。上级机关、单位或者业务主管部门发现下级机

关、单位定密不当的,应当及时通知其纠正,也可以直接作出确定、变更或者解除的决定。

(3)机关、单位应当向同级保密行政管理部门报告本机关、本单位年度国家秘密确定、变更和解除等情况。下一级保密行政管理部门应当向上一级保密行政管理部门报告本行政区域年度定密工作情况。

保密行政管理部门应当依法对机关、单位定密工作进行指导、监督和检查,对发现的问题及时通知纠正或者责令整改。

(四)国家秘密变更

1 变更情形

国家秘密的密级、保密期限和知悉范围,应当根据情况变化及时变更。国家秘密的密级、保密期限和知悉范围的变更,由原定密机关、单位决定,也可以由其上级机关决定。国家秘密的密级、保密期限和知悉范围变更的,应当及时书面通知知悉范围内的机关、单位或者人员。

有下列情形之一的,机关、单位应当对所确定国家秘密的密级、保密期限或者知悉范围及时作出变更:(1)定密时所依据的法律法规或者保密事项范围发生变化的;(2)泄露后对国家安全和利益的损害程度发生明显变化的;(3)派生定密所执行或者办理的已定密事项已经变更的。必要时,上级机关、单位或者业务主管部门可以直接变更下级机关、单位确定的国家秘密事项的密级、保密期限或者知悉范围。派生定密的机关、单位对已定密事项是否变更不明确的,可以向原定密机关、单位请示或者函询,原定密机关、单位应当及时予以答复。

2 程序性规定

（1）机关、单位认为需要延长所确定国家秘密保密期限的，应当在保密期限届满前作出决定；延长保密期限使累计保密期限超过保密事项范围规定的，应当报制定该保密事项范围的中央和国家机关批准，中央和国家机关应当在接到报告后30日内作出决定。

（2）国家秘密知悉范围内的机关、单位，其有关工作人员不在知悉范围内，但因工作需要知悉国家秘密的，应当经本机关、本单位主要负责人或者其指定的人员批准。国家秘密知悉范围以外的机关、单位及其人员，因工作需要知悉国家秘密的，应当经原定密机关、单位同意。原定密机关、单位对扩大知悉范围有明确规定的，应当遵守其规定。扩大国家秘密知悉范围应当作出详细记录。

（3）国家秘密变更按照国家秘密确定程序进行并作出书面记录。国家秘密变更后，应当及时在原国家秘密标志附近重新作出国家秘密标志。

（4）机关、单位变更国家秘密的密级、保密期限或者知悉范围的，应当书面通知知悉范围内的机关、单位或者人员。有关机关、单位或者人员接到通知后，应当在国家秘密标志附近标明变更后的密级、保密期限和知悉范围。

延长保密期限的通知，应当于原定保密期限届满前送达知悉范围内的机关、单位或者人员。

(五)国家秘密解除

1 解密情形

机关、单位应当每年审核所确定的国家秘密。国家秘密的保密期限已满的,自行解密。在保密期限内因保密事项范围调整不再作为国家秘密,或者公开后不会损害国家安全和利益,不需要继续保密的,应当及时解密;需要延长保密期限的,应当在原保密期限届满前重新确定密级、保密期限和知悉范围。提前解密或者延长保密期限的,由原定密机关、单位决定,也可以由其上级机关决定。

机关、单位应当每年审核所确定的国家秘密,在保密期限内有下列情形之一的,应当及时解密:(1)法律法规或者保密事项范围调整后,不再属于国家秘密的;(2)公开后不会损害国家安全和利益,不需要继续保密的;(3)根据现行法律法规和国家有关规定,应当予以公开或者需要社会公众广泛知晓的;(4)派生定密所执行或者办理的已定密事项已经解密的。派生定密的机关、单位对已定密事项是否解密不明确的,可以向原定密机关、单位请示或者函询,原定密机关、单位应当及时予以答复。

2 程序性规定

(1)保密事项范围明确规定保密期限为长期的国家秘密事项,机关、单位不得擅自解密;确需解密的,应当报制定该保密事项范围的中央和国家机关批准,中央和国家机关应当在接到报告后30日内作出决定。

（2）国家秘密解除应当按照有关规定履行解密程序并作出书面记录。

国家秘密解除后，应当及时在原国家秘密标志附近作出解密标志；无法或者不宜作出解密标志的，应当以其他方式作出说明。

（3）除正式公布的外，机关、单位解除国家秘密，应当书面通知知悉范围内的机关、单位或者人员。解密通知可以单独发布或者以目录形式集中发布。

（4）机关、单位对所产生的国家秘密事项，解密后需要公开的，应当进行保密审查。机关、单位对已解密的不属于本机关、本单位产生的国家秘密事项，需要公开的，应当经原定密机关、单位同意。机关、单位公开已解密的文件资料，不得保留国家秘密标志。对国家秘密标志以及属于其他不宜公开的敏感信息，应当作删除、遮盖等处理。

（5）机关、单位对拟移交各级国家档案馆的尚在保密期限内的国家秘密档案，应当进行解密审核，对本机关、本单位产生的符合解密条件的档案，应当予以解密。已依法移交各级国家档案馆的属于国家秘密的档案，其解密办法由国家保密行政管理部门会同国家档案主管部门另行制定。

三、派生定密管理

（一）派 生 定 密

1 派生定密和密点的定义

派生定密，是指机关、单位对执行或者办理已定密事项所产生的国家秘密，依法确定、变更和解除的活动。

密点，是指决定一个事项具备国家秘密本质属性的关键内容，可以与非国家秘密以及其他密点明确区分。

2 派生定密不受定密权限限制

机关、单位开展派生定密，不受定密权限限制。无法定定密权的机关、单位可以因执行或者办理已定密事项，派生国家秘密。具有较低定密权的机关、单位可以因执行或者办理较高密级的已定密事项，派生超出本机关、单位定密权限的国家秘密。

3 派生定密的情形

（1）机关、单位因执行或者办理已定密事项而产生的事项符合下列情形之一的，应当确定为国家秘密：①与已定密事项完全一致的；②涉及已定密事项密点的；③是对已定密事项进行概括总结、编辑整合、具体细化的；④原定密机关、单位对使用已定密事项有明确定密要求的。

（2）派生事项不是对已定密事项内容或者密点进行概括总结、编辑整合、具体细化的，不应当派生定密。该事项是否需要定密，应当依照保密法律法规和国家秘密及其密级具体范围判断。

（3）派生事项既包括已定密事项内容或者密点，也包括有关行业、领域保密事项范围规定事项的，应当同时依据已定密事项和有关保密事项范围进行定密。密级、保密期限应当按照已定密事项和保密事项范围规定事项的最高密级、最长保密期限确定。知悉范围根据工作需要限定到最小范围。

4 管理体制

（1）机关、单位应当依法履行派生定密主体责任，加强对本机关、本单位派生定密的监督管理，发现存在派生定密不当情形的，应当及时纠正。

（2）上级机关、单位应当加强对下级机关、单位派生定密的指导和监督，发现下级机关、单位派生定密不当的，应当及时通知其纠正，也可以直接纠正。

（3）各级保密行政管理部门应当依法对机关、单位派生定密进行指导、监督和检查，对发现的问题及时通知纠正或者责令整改。

（二）派生国家秘密

1 派生国家秘密的确定

(1)派生国家秘密的确定程序。

派生国家秘密的确定应当按照国家秘密确定的法定程序进行。承办人依据已定密事项或者密点,拟定密级、保密期限和知悉范围,报定密责任人审核。定密责任人对承办人意见进行审核,作出决定。

派生定密应当作出书面记录,注明承办人、定密责任人和定密依据。定密依据应当写明依据的文件名称、文号、密级、保密期限等。

(2)派生国家秘密的确定要求。

派生国家秘密的密级应当与已定密事项密级保持一致。已定密事项明确密点及其密级的,应当与所涉及密点的最高密级保持一致。

派生国家秘密的保密期限应当按照已定密事项的保密期限确定,或者与所涉及密点的最长保密期限保持一致。已定密事项未明确保密期限的,可以征求原定密机关、单位意见后确定并作出标注,或者按照《保守国家秘密法》规定的最长保密期限执行。

派生国家秘密的知悉范围,应当根据工作需要确定,经本机关、本单位负责人批准。能够限定到具体人员的,限定到具体人员。原定密机关、单位有明确规定的,应当遵守其规定。

2 派生国家秘密的变更、解除

(1)派生国家秘密的变更、解除程序。

派生国家秘密的变更、解除程序应当履行国家秘密变更或者解除的法定程序。承办人依据已定密事项或者密点的变更、解除情况,提出派生国家秘密变更或者解除意见,报定密责任人审核批准,并作出书面记录。

书面记录应当注明承办人、定密责任人、已定密事项或者密点的变更或者解除情况,以及解密后作为工作秘密管理或者予以公开等。

(2)派生国家秘密的变更、解除要求。

机关、单位所执行或者办理的已定密事项没有变更或者解密的,派生国家秘密不得变更或者解密;所执行或者办理的已定密事项已经变更或者解密的,派生国家秘密的密级、保密期限、知悉范围应当及时作出相应变更或者予以解密。

机关、单位认为所执行或者办理的已定密事项需要变更或者解密的,可以向原定密机关、单位或者其上级机关、单位提出建议。未经有关机关、单位同意,派生国家秘密不得擅自变更或者解密。

机关、单位对已定密事项是否已变更或者解除以及派生事项是否涉及密点等情况不明确的,可以向原定密机关、单位请示或者函询,原定密机关、单位应当及时予以答复。

四、保 密 制 度

(一)涉 密 载 体

1 国家秘密载体的保密规定

(1)国家秘密载体的制作、收发、传递、使用、复制、保存、维修和销毁,应当符合国家保密规定。绝密级国家秘密载体应当在符合国家保密标准的设施、设备中保存,并指定专人管理;未经原定密机关、单位或者其上级机关批准,不得复制和摘抄;收发、传递和外出携带,应当指定人员负责,并采取必要的安全措施。

(2)属于国家秘密的设备、产品的研制、生产、运输、使用、保存、维修和销毁,应当符合国家保密规定。

(3)禁止非法复制、记录、存储国家秘密。禁止未按照国家保密规定和标准采取有效保密措施,在互联网及其他公共信息网络或者有线和无线通信中传递国家秘密。禁止在私人交往和通信中涉及国家秘密。

2 国家秘密载体的管理规定

国家秘密载体管理应当遵守下列规定:(1)制作国家秘密载体,应当由本机关、本单位或者取得国家秘密载体制作、复制资质的单位承担,制作场所、设备应当符合国家保密规定。(2)收发国家秘密载体,应当履行清点、编号、登记、签收手续。(3)传递国家秘密载体,应当通过机要交通、机要通信或者其他符合保密要求的方式进行。(4) 阅读、使用国家秘密载体,应当在符合国家保密规定的场所进行。(5)复制国家秘密载体或者摘录、引用、汇编属于国家秘密的内容,应当按照规定报批,不得擅自改变原件的密级、保密期限和知悉范围,复制件应当加盖复制机关、单位戳记,并视同原件进行管理。(6)保存国家秘密载体的场所、设施、设备,应当符合国家保密规定。(7)维修国家秘密载体,应当由本机关、本单位专门技术人员负责。确需外单位人员维修的,应当由本机关、本单位的人员现场监督。确需在本机关、本单位以外维修的,应当符合国家保密规定。(8)携带国家秘密载体外出,应当符合国家保密规定,并采取可靠的保密措施。携带国家秘密载体出境,应当按照国家保密规定办理审批手续。(9)清退国家秘密载体,应当按照制发机关、单位要求办理。

机关、单位应当加强对国家秘密载体的管理,任何组织和个人不得有下列行为:(1)非法获取、持有国家秘密载体;(2)买卖、转送或者私自销毁国家秘密载体;(3)通过普通邮政、快递等无保密措施的渠道传递国家秘密载体;(4)寄递、托运国家秘密载体出境;(5)未经有关主管部门批准,携带、传递国家秘密载体出境;(6)其他违反国家秘密载体保密规定的行为。

3 涉密印制及涉密印制资质

涉密印制，即国家秘密载体印制，是指以印刷、复制等方式制作国家秘密载体的行为。涉密印制资质，是指保密行政管理部门许可企业事业单位从事国家秘密载体印制业务的法定资格。

涉密印制资质的申请、受理、审查、决定、使用和监督管理，适用《国家秘密载体印制资质管理办法》。从事涉密印制业务的企业事业单位应当依照该办法，取得涉密印制资质。国家机关和涉及国家秘密的单位应当选择具有涉密印制资质的单位承接涉密印制业务。

涉密印制资质管理应当遵循依法管理、安全保密、科学发展、公平公正的原则。国家保密行政管理部门主管全国涉密印制资质管理工作，省级保密行政管理部门主管本行政区域内涉密印制资质管理工作。省级以上保密行政管理部门根据工作需要，可以委托下一级保密行政管理部门开展审查工作，或者组织机构协助开展工作。省级以上保密行政管理部门应当指定专门机构承担保密资质管理日常工作。省级以上保密行政管理部门建立保密资质审查专家库，组织开展入库审查、培训考核等工作。

实施涉密印制资质许可不收取任何费用，所需经费纳入同级财政预算。

4 销毁国家秘密载体

销毁国家秘密载体应当符合国家保密规定和标准，确保销毁的国家秘密信息无法还原。销毁国家秘密载体应当履行清点、登记、审批手续，并送交保密行政管理部门设立的工作机构或者指定的单位销毁。机关、单位确因工作需要，自行销毁少量国家秘密载体的，应当使用符合国家保密标准的销毁设备和方法。

（二）计算机及移动存储介质

1 涉密信息系统

涉密信息系统按照涉密程度实行分级保护。涉密信息系统应当按照国家保密规定和标准规划、建设、运行、维护，并配备保密设施、设备。保密设施、设备应当与涉密信息系统同步规划、同步建设、同步运行。涉密信息系统应当按照规定，经检查合格后，方可投入使用，并定期开展风险评估。

涉密信息系统按照涉密程度分为绝密级、机密级、秘密级。机关、单位应当根据涉密信息系统存储、处理信息的最高密级确定保护等级，按照分级保护要求采取相应的安全保密防护措施。

涉密信息系统应当由国家保密行政管理部门设立或者授权的机构进行检测评估，并经设区的市级以上保密行政管理部门审查合格，方可投入使用。公安、国家安全机关的涉密信息系统测评审查工作按照国家保密行政管理部门会同国务院公安、国家安全部门制定的有关规定执行。

机关、单位应当加强信息系统、信息设备的运行维护、使用管理，指定专门机构或者人员负责运行维护、安全保密管理和安全审计，按照国家保密规定建设保密自监管设施，定期开展安全保密检查和风险评估，配合保密行政管理部门排查预警事件，及时发现并处置安全保密风险隐患。

2 信息系统、信息设备保密管理

机关、单位应当加强对信息系统、信息设备的保密管理，建设保密自监管设施，及时发现并处置安全保密风险隐患。任何组织和个人不得有下列行为：(1)未按照国家保密规定和标准采取有效保密措施，将涉密信息系统、涉密信息设备接入互联网及其他公共信息网络；(2)未按照国家保密规定和标准采取有效保密措施，在涉密信息系统、涉密信息设备与互联网及其他公共信息网络之间进行信息交换；(3)使用非涉密信息系统、非涉密信息设备存储或者处理国家秘密；(4)擅自卸载、修改涉密信息系统的安全技术程序、管理程序；(5)将未经安全技术处理的退出使用的涉密信息设备赠送、出售、丢弃或者改作其他用途；(6)其他违反信息系统、信息设备保密规定的行为。

3 安全保密产品和保密技术装备

用于保护国家秘密的安全保密产品和保密技术装备应当符合国家保密规定和标准。国家建立安全保密产品和保密技术装备抽检、复检制度，由国家保密行政管理部门设立或者授权的机构进行检测。

4 涉密集成及涉密集成资质

涉密集成，即涉密信息系统集成，是指涉密信息系统的规划、设计、建设、监理和运行维护等活动。涉密集成资质，是指保密行政管理部门许可企业事业单位从事涉密信息系统集成业务的法定资格。

涉密集成资质的申请、受理、审查、决定、使用和监督管理，适用《涉密信息系统集成资质管理办法》。从事涉密集成业务的企业事业单位应当依照该办法取得涉密集成资质。国家机关和涉及国家秘密的单位应当选择具有涉密集成资质的单位承接涉密集成业务。

涉密集成资质管理应当遵循依法管理、安全保密、科学发展、公平公正的原则。国家保密行政管理部门主管全国涉密集成资质管理工作，省级保密行政管理部门主管本行政区域内涉密集成资质管理工作。省级以上保密行政管理部门根据工作需要，可以委托下一级保密行政管理部门开展审查工作，或者组织机构协助开展工作。省级以上保密行政管理部门应当指定专门机构承担保密资质管理日常工作。省级以上保密行政管理部门建立保密资质审查专家库，组织开展入库审查、培训考核等工作。

实施涉密集成资质许可不收取任何费用，所需经费纳入同级财政预算。

（三）网　　络

1 网络运营者责任

网络运营者开展经营和服务活动，必须遵守法律、行政法规，尊重社会公德，遵守商业道德，诚实信用，履行网络安全保护义务，接受政府和社会的监督，承担社会责任。

建设、运营网络或者通过网络提供服务，应当依照法律、行政法规的规定和国家标准的强制性要求，采取技术措施和其他必要措施，保障网络安全、稳定运行，有效应对网络安全事件，防范网络违法犯罪活动，维护网络数据的完整性、保密性和可用性。

网络运营者应当加强对其用户发布的信息的管理，发现法律、行政法规禁止发布或者传输的信息的，应当立即停止传输该信息，采取消除等处置措施，防止信息扩散，保存有关记录，并向有关主管部门报告。

网络运营者应当加强对其用户发布的信息的管理，配合监察机关、保密行政管理部门、公安机关、国家安全机关对涉嫌泄露国家秘密案件进行调查处理；发现利用互联网及其他公共信息网络发布的信息涉嫌泄露国家秘密的，应当立即停止传输该信息，保存有关记录，向保密行政管理部门或者公安机关、国家安全机关报告；应当根据保密行政管理部门或者公安机关、国家安全机关的要求，删除涉及泄露国家秘密的信息，并对有关设备进行技术处理。

2 网络运营者安全保护义务

国家实行网络安全等级保护制度。网络运营者应当按照网络安全等级保护制度的要求,履行下列安全保护义务,保障网络免受干扰、破坏或者未经授权的访问,防止网络数据泄露或者被窃取、篡改:(1)制定内部安全管理制度和操作规程,确定网络安全负责人,落实网络安全保护责任;(2)采取防范计算机病毒和网络攻击、网络侵入等危害网络安全行为的技术措施;(3)采取监测、记录网络运行状态、网络安全事件的技术措施,并按照规定留存相关的网络日志不少于6个月;(4)采取数据分类、重要数据备份和加密等措施;(5)法律、行政法规规定的其他义务。

关键信息基础设施的运营者除应当履行上述安全保护义务,还应当履行如下义务:(1)设置专门安全管理机构和安全管理负责人,并对该负责人和关键岗位的人员进行安全背景审查;(2)定期对从业人员进行网络安全教育、技术培训和技能考核;(3)对重要系统和数据库进行容灾备份;(4)制定网络安全事件应急预案,并定期进行演练;(5)法律、行政法规规定的其他义务。

(四)涉密活动

1 涉密活动主办单位的保密规定

举办会议或者其他活动涉及国家秘密的,主办单位应当采取保密措施,并对参加人员进行保密教育,提出具体保密要求。

2 保密措施

举办会议或者其他活动涉及国家秘密的，主办单位应当采取下列保密措施，承办、参加单位和人员应当配合：(1)根据会议、活动的内容确定密级，制定保密方案，限定参加人员和工作人员范围；(2)使用符合国家保密规定和标准的场所、设施、设备，采取必要保密技术防护等措施；(3)按照国家保密规定管理国家秘密载体；(4)对参加人员和工作人员进行身份核实和保密教育，提出具体保密要求；(5)保密法律法规和国家保密规定要求的其他措施。通过电视、电话、网络等方式举办会议或者其他活动涉及国家秘密的，还应当符合国家有关保密标准。

(五)政府信息公开保密审查

1 不予公开的政府信息

依法确定为国家秘密的政府信息，法律、行政法规禁止公开的政府信息，以及公开后可能危及国家安全、公共安全、经济安全、社会稳定的政府信息，不予公开。

2 公开审查机制

行政机关应当建立健全政府信息公开审查机制，明确审查的程序和责任。行政机关应当依照《保守国家秘密法》以及其他法律、法规和国家有关规定对拟公开的政府信息进行审查。行政机关不能确定政府信息是否可以公开的，应当依照法律、法规和国家有关规定报有关主管部门或者保密行政管理部门确定。

3 政府信息管理动态调整机制

行政机关应当建立健全政府信息管理动态调整机制，对本行政机关不予公开的政府信息进行定期评估审查，对因情势变化可以公开的政府信息应当公开。

（六）保密部门

1 保密要害部门、部位

机关、单位应当将涉及绝密级或者较多机密级、秘密级国家秘密的机构确定为保密要害部门，将集中制作、存放、保管国家秘密载体的专门场所确定为保密要害部位，按照国家保密规定和标准配备、使用必要的技术防护设施、设备。

2 涉军区域的保密工作

军事禁区、军事管理区和属于国家秘密不对外开放的其他场所、部位，应当采取保密措施，未经有关部门批准，不得擅自决定对外开放或者扩大开放范围。

涉密军事设施及其他重要涉密单位周边区域应当按照国家保密规定加强保密管理。

3 涉密生产单位的保密工作

从事涉及国家秘密业务的企业事业单位,应当具备相应的保密管理能力,遵守国家保密规定。

从事国家秘密载体制作、复制、维修、销毁,涉密信息系统集成,武器装备科研生产,或者涉密军事设施建设等涉及国家秘密业务的企业事业单位,应当经过审查批准,取得保密资质。

4 采购涉密货物、服务的机关、单位的保密工作

采购涉及国家秘密的货物、服务的机关、单位,直接涉及国家秘密的工程建设、设计、施工、监理等单位,应当遵守国家保密规定。机关、单位委托企业事业单位从事涉及国家秘密的业务,应当与其签订保密协议,提出保密要求,采取保密措施。

机关、单位采购涉及国家秘密的工程、货物、服务,或者委托企业事业单位从事涉密业务,应当根据国家保密规定确定密级,并符合国家保密规定和标准。机关、单位应当与有关单位、个人签订保密协议,提出保密要求,采取保密措施,实施全过程管理。

机关、单位采购或者委托企业事业单位从事《保守国家秘密法实施条例》第 48 条第 1 款规定的涉密业务的,应当核验承担单位的保密资质。采购或者委托企业事业单位从事其他涉密业务的,应当核查参与单位的业务能力和保密管理能力。政府采购监督管理部门、保密行政管理部门应当依法加强对涉及国家秘密的工程、货物、服务采购或者其他委托开展涉密业务的监督管理。

(七)涉外活动

1 涉外保密管理

机关、单位向境外或者向境外在中国境内设立的组织、机构提供国家秘密,任用、聘用的境外人员因工作需要知悉国家秘密的,按照国家有关规定办理。

2 对外提供测绘成果

测绘成果属于国家秘密的,适用保密法律、行政法规的规定;需要对外提供的,按照国务院和中央军事委员会规定的审批程序执行。测绘成果的秘密范围和秘密等级,应当依照保密法律、行政法规的规定,按照保障国家秘密安全、促进地理信息共享和应用的原则确定并及时调整、公布。

五、监督管理

1 保密规章和国家保密标准

国家保密行政管理部门依照法律、行政法规的规定，制定保密规章和国家保密标准。

2 保密工作的指导和监督

保密行政管理部门依法组织开展保密宣传教育、保密检查、保密技术防护、保密违法案件调查处理工作，对保密工作进行指导和监督管理。

3 保密工作的纠正

保密行政管理部门发现国家秘密确定、变更或者解除不当的，应当及时通知有关机关、单位予以纠正。

4 保密检查

保密行政管理部门依法对机关、单位执行保密法律法规的下列情况进行检查:(1)保密工作责任制落实情况;(2)保密制度建设情况;(3)保密宣传教育培训情况;(4)涉密人员管理情况;(5)国家秘密确定、变更和解除情况;(6)国家秘密载体管理情况;(7)信息系统和信息设备保密管理情况;(8)互联网使用保密管理情况;(9)保密技术防护设施设备配备使用情况;(10)涉密场所及保密要害部门、部位管理情况;(11)涉密会议、活动管理情况;(12)信息公开保密审查情况。

保密行政管理部门依法对机关、单位遵守保密法律法规和相关制度的情况进行检查;涉嫌保密违法的,应当及时调查处理或者组织、督促有关机关、单位调查处理;涉嫌犯罪的,应当依法移送监察机关、司法机关处理。对严重违反国家保密规定的涉密人员,保密行政管理部门应当建议有关机关、单位将其调离涉密岗位。有关机关、单位和个人应当配合保密行政管理部门依法履行职责。

保密行政管理部门在保密检查和案件调查处理中,可以依法查阅有关材料、询问人员、记录情况,先行登记保存有关设施、设备、文件资料等;必要时,可以进行保密技术检测。保密行政管理部门对保密检查和案件调查处理中发现的非法获取、持有的国家秘密载体,应当予以收缴;发现存在泄露国家秘密隐患的,应当要求采取措施,限期整改;对存在泄露国家秘密隐患的设施、设备、场所,应当责令停止使用。

5 秘密鉴定

国家秘密鉴定,是指保密行政管理部门对涉嫌泄露国家秘密案件中有关事项是否属于国家秘密以及属于何种密级进行鉴别和认定的活动。办理涉嫌泄露国家秘密案件的机关,需要对有关事项是否属于国家秘密、属于何种密级进行鉴定的,由国家保密行政管理部门或者省、自治区、直辖市保密行政管理部门鉴定。国家秘密鉴定的申请、受理、办理、复核、监督等,适用《国家秘密鉴定工作规定》。

国家秘密鉴定应当遵循依法、客观、公正的原则,做到事实清楚、依据充分、程序规范、结论准确。办理涉嫌泄露国家秘密案件的纪检监察、侦查、公诉、审判机关可以申请国家秘密鉴定。国家保密行政管理部门、省(自治区、直辖市)保密行政管理部门负责国家秘密鉴定。

国家秘密鉴定应当以保密法律法规、保密事项范围和国家秘密确定、变更、解除文件为依据。下列事项不得鉴定为国家秘密:(1)需要公众广泛知晓或者参与的;(2)属于工作秘密、商业秘密、个人隐私的;(3)已经依法公开或者泄露前已经无法控制知悉范围的;(4)法律、法规或者国家有关规定要求公开的;(5)其他泄露后对国家安全和利益不会造成损害的。

6 涉密数据监督管理

开展涉及国家秘密的数据处理活动及其安全监管应当符合国家保密规定。国家保密行政管理部门和省、自治区、直辖市保密行政管理部门会同有关主管部门建立安全保密防控机制,采取安全保密防控措施，防范数据汇聚、关联引发的泄密风险。机关、单位应当对汇聚、关联后属于国家秘密事项的数据依法加强安全管理。

7 违规人员处理的监督

机关、单位对违反国家保密规定的人员不依法给予处分的，保密行政管理部门应当建议纠正；对拒不纠正的，提请其上一级机关或者监察机关对该机关、单位负有责任的领导人员和直接责任人员依法予以处理。

8 管理分配

设区的市级以上保密行政管理部门建立保密风险评估机制、监测预警制度、应急处置制度，会同有关部门开展信息收集、分析、通报工作。

保密协会等行业组织依照法律、行政法规的规定开展活动，推动行业自律，促进行业健康发展。

六、泄密案件查处

1 泄密案件查处原则

查处泄密案件，应当坚持教育和惩处相结合，以事实为依据，以法律为准绳，做到事实清楚，证据确实、充分，定性准确，程序合法，处理适当。保密行政管理部门对公民举报、机关和单位报告、保密检查发现、有关部门移送的涉嫌泄露国家秘密的案件线索，依法调查或者组织、督促有关机关、单位调查处理，适用《泄密案件查处办法》。

2 泄露国家秘密的定义

泄露国家秘密是指违反保密法律、法规和规章的下列行为之一：(1)使国家秘密被不应知悉者知悉的；(2)使国家秘密超出了限定的接触范围，而不能证明未被不应知悉者知悉的。

3 按泄露国家秘密处理

存在下列情形之一的，按泄露国家秘密处理：(1)属于国家秘密的文件资料或者其他物品下落不明的，自发现之日起，绝密级

10 日内，机密级、秘密级 60 日内查无下落的；(2)未采取符合国家保密规定或者标准的保密措施，在互联网及其他公共信息网络、有线和无线通信中传递国家秘密的；(3)使用连接互联网或者其他公共信息网络的计算机、移动存储介质等信息设备存储、处理国家秘密，且该信息设备被远程控制的。

4 泄密案件查处工作

泄密案件查处工作主要包括：(1)查明所泄露的国家秘密事项的内容与密级；(2)查明案件事实、主要情节和有关责任人员；(3)要求有关机关、单位采取必要的补救措施；(4)根据有关法律、法规和规章等对责任人员提出处理建议，并督促机关、单位作出处理；(5)针对案件暴露出的问题，督促机关、单位加强和改进保密工作。

泄密案件查处实行分级办理、各负其责的工作制度。国家保密行政管理部门主管全国的泄密案件查处工作。地方各级保密行政管理部门在上级保密行政管理部门指导下，负责本行政区域的泄密案件查处工作。有关机关、单位在保密行政管理部门的组织、督促、指导下，对泄密案件进行查处，并采取相应整改补救措施。

上级保密行政管理部门对下级保密行政管理部门，地方保密行政管理部门对本行政区域内机关、单位泄密案件查处工作进行指导、监督。发现查处不当的，应当及时予以纠正。

办案人员与案件有利害关系或者其他关系可能影响案件公正处理的，应当自行回避；案件当事人有权要求其回避。办案人员的回避，由其所属保密行政管理部门决定。保密行政管理部门负责人的回避，由上一级保密行政管理部门决定。

保密行政管理部门及其办案人员对案件查处工作中获取的国家秘密、工作秘密、商业秘密及个人隐私，应当保密。

5 管辖

泄密案件由泄密行为发生地县级以上保密行政管理部门管辖。由有关机关、单位所在地或者案件当事人居住地保密行政管理部门管辖更便于查处工作开展的，可以由有关机关、单位所在地或者案件当事人居住地保密行政管理部门管辖。移交有关机关、单位所在地或者案件当事人居住地保密行政管理部门管辖的泄密案件，泄密行为发生地保密行政管理部门在移交前应当及时收集证据，并配合开展调查取证工作。

国家保密行政管理部门依法调查或者组织、督促查处下列泄密案件：(1)中央和国家机关发生的；(2)涉及多个省(自治区、直辖市)的；(3)全国范围内重大、复杂案件。

省(自治区、直辖市)保密行政管理部门依法调查或者组织、督促查处下列泄密案件：(1)省级机关及省(自治区、直辖市)直属机关发生的；(2)涉及本行政区域内多个市(地、州、盟)或者部门的；(3)中央和国家机关设在省(自治区、直辖市)的直属机构发生的；(4)本辖区内重大、复杂案件。

中央和国家机关认为本系统发生泄密案件的有关单位情况特殊，不宜由地方保密行政管理部门查处的，可以向国家保密行政管理部门提交书面材料说明理由，由国家保密行政管理部门决定。

对于重大、复杂的泄密案件，上级保密行政管理部门可以指定管辖;具有管辖权的保密行政管理部门由于特殊原因不能调查或者组织、督促查处的,可以报请上一级保密行政管理部门指定管辖;同级保密行政管理部门之间因管辖权发生争议的,应当本着有利于开展查处工作的原则协商解决,必要时报请共同的上级保密行政管理部门指定管辖。上级保密行政管理部门应当在接到指定管辖申请之日起 7 个工作日内,作出指定管辖决定,并书面通知被指定管辖的保密行政管理部门和其他有关保密行政管理部门。原受理案件的保密行政管理部门收到上级保密行政管理部门书面通知后,应当立即将案卷材料移送被指定管辖的保密行政管理部门,并书面通知有关机关、单位。

保密行政管理部门发现案件不属于本部门管辖的,应当自发现之日起 7 个工作日内移送具有管辖权的保密行政管理部门或者其他部门。接受移送的保密行政管理部门对管辖权有异议的,应当报请上一级保密行政管理部门指定管辖,不得再自行移送。

6 受理及处理

(1)保密行政管理部门对公民举报、机关和单位报告、保密检查发现、有关部门移送的涉嫌泄露国家秘密的案件线索,应当依法及时受理。

保密行政管理部门受理涉嫌泄露国家秘密的案件线索举报,举报人不愿意公开个人或者单位信息的,应当在受理登记时注明,并为其保密。保密行政管理部门应当对举报人提供的有关证据材料、物品等进行登记,出具接收清单,并妥善保管;必要时,可以拍照、录音或者录像。

(2)保密行政管理部门受理涉嫌泄露国家秘密的案件线索,

应当分别作出处理:①已经或者可能泄露国家秘密的,应当进行初查;②经核实,存在违反保密法律法规行为,但情节显著轻微,没有造成危害后果的,可以责成有关机关、单位对责任人员进行批评教育;③没有泄密事实或者案件线索无法核实的,不予处理。

保密行政管理部门受理涉嫌泄露国家秘密的案件线索,发现需要采取补救措施的,应当立即责令有关机关、单位和人员停止违法行为,采取有效措施,防止泄密范围扩大。

7 初查与立案

(1)保密行政管理部门在决定是否立案前,应当对涉嫌泄露国家秘密的案件线索进行初查,了解是否存在泄密事实。初查内容包括:①案件线索涉及人员的主体身份及基本情况;②案件线索所反映的问题是否属实,是否造成国家秘密泄露,是否达到刑事立案标准。初查结束后,应当形成初查情况报告,内容包括案件线索情况、初查情况和处理建议。

保密行政管理部门应当根据初查情况分别作出处理:①确有泄露国家秘密事实,且已经达到刑事立案标准的,应当移送有关部门查处。②确有泄露国家秘密事实,尚未达到刑事立案标准,且具有管辖权的,应当予以立案;不具有管辖权的,应当移交具有管辖权的保密行政管理部门处理。③确有泄露国家秘密事实,但案件线索内容不全或者有误,通知案件线索移送部门或者举报人、报告人补充,经补充案件线索内容仍不具备查处条件的,暂不予以立案,有关材料存档备查。④未造成国家秘密泄露,但存在违反保密法律法规事实的,应当督促、指导有关机关、单位进行调查处理,必要时保密行政管理部门可以直接调查。⑤未违反保密法律法规,但存在其他涉嫌违法或者违纪事实的,移交有关职能部门处理。⑥案件线索反映的情况失实的,不予处理,必要时可以向有关机关、单位和案件当事人说明情况。

初查时限为2个月,必要时可以延长1个月。重大、复杂的案件线索,在延长期内仍不能初查完毕的,经保密行政管理部门负责人批准后可以延长。初查时限自接到案件线索之日算起,至呈报初查情况报告之日止。

(2)经初查应当予以立案的,办案人员应当填报立案表,并附案件线索材料、初查情况报告,报请保密行政管理部门负责人审批。保密行政管理部门在立案后,应当制作立案通知书,通知有关机关、单位;通知立案可能影响案件查处工作的,可以直接通知其上级主管部门。

8 案件调查

案件立案后,保密行政管理部门应当指派2名以上办案人员进行调查或者指导、督促有关机关、单位进行调查。对于重大、复杂案件,保密行政管理部门可以组织相关部门成立专案组,开展案件调查。

案件调查内容包括:(1)案件当事人的基本情况;(2)案件当事人是否实施违反保密法律法规行为;(3)实施违反保密法律法规行为的时间、地点、手段、后果以及其他情节;(4)有无法定从重、从轻、减轻或者免予处理的情形;(5)与案件有关的其他事实。

保密行政管理部门直接调查、检查时,办案人员不得少于2人,并应当出示证件,表明身份。机关、单位应当积极配合案件调查工作,提供相关证据。机关、单位应当对案件当事人出国(境)进行审查,可能影响案件查处的,不得批准其出国(境)。

案件当事人应当自觉接受、配合调查,如实说明情况;不得与同案人或者知情人串通情况,不得对抗调查;不得将案件查处情况告知他人。

9 结案

泄密案件调查终结应当具备下列条件:(1)泄露国家秘密的事实已经调查清楚;(2)已经采取必要的补救措施;(3)已经对案件相关责任人员作出处理,或者移送有关部门查处;(4)有关机关、单位已经采取整改措施。

办案人员在案件调查处理工作完成后,应当提交结案报告,经立案的保密行政管理部门负责人批准后结案。结案报告应当包括以下内容:(1)泄密案件的发生、发现经过;(2)案件涉及国家秘密的密级、数量、载体形式以及概要内容;(3)泄密案件已经或者可能造成的危害;(4)案件发生的主要原因;(5)已经采取的补救措施;(6)责任人员处理情况;(7)有关机关、单位整改情况;(8)其他需要说明的情况。

泄密案件查处时限为3个月,自立案之日起3个月未能查结的,经查处泄密案件的保密行政管理部门负责人批准可延长1个月。在延长期内仍不能查结的,查处泄密案件的保密行政管理部门应当向上一级保密行政管理部门说明原因,逾期未说明原因或者理由不充分的,上一级保密行政管理部门应当予以检查、督促。

10 配合机制

省（自治区、直辖市）保密行政管理部门与中央和国家机关保密工作机构在泄密案件查处工作中应当相互配合。设区的市、自治州一级及以下地方保密行政管理部门需要中央和国家机关保密工作机构配合工作的，应当报请所属省（自治区、直辖市）保密行政管理部门协调。

保密行政管理部门应当加强与同级纪检监察、网信、审判、检察、公安、国家安全等机关的协调配合，建立健全协调配合机制，共同做好泄密案件查处工作。

在泄密案件查处工作中需要军地双方配合的，军队相应保密工作部门和地方保密行政管理部门可以直接联系，相互之间应当支持配合。

七、违法、违纪责任

（一）《保守国家秘密法》及其实施条例相关规定

1 违法行为具体情形

(1)非法获取、持有国家秘密载体的;(2)买卖、转送或者私自销毁国家秘密载体的;(3)通过普通邮政、快递等无保密措施的渠道传递国家秘密载体的;(4)寄递、托运国家秘密载体出境,或者未经有关主管部门批准,携带、传递国家秘密载体出境的;(5)非法复制、记录、存储国家秘密的;(6)在私人交往和通信中涉及国家秘密的;(7)未按照国家保密规定和标准采取有效保密措施,在互联网及其他公共信息网络或者有线和无线通信中传递国家秘密的;(8)未按照国家保密规定和标准采取有效保密措施,将涉密信息系统、涉密信息设备接入互联网及其他公共信息网络的;(9)未按照国家保密规定和标准采取有效保密措施,在涉密信息系统、涉密信息设备与互联网及其他公共信息网络之间进行信息交换的;(10)使用非涉密信息系统、非涉密信息设备存储、处理国家秘密的;(11)擅自卸载、修改涉密信息系统的安全技术程序、管理程序的;(12)将未经安全技术处理的退出使用的涉密信息设备赠送、出售、丢弃或者改作其他用途的;(13)其他违反《保守国家秘密法》规定的情形。

2 单位违法责任

(1)机关、单位违反《保守国家秘密法》规定,发生重大泄露国家秘密案件的,依法对直接负责的主管人员和其他直接责任人员给予处分。不适用处分的人员,由保密行政管理部门督促其主管部门予以处理。

(2)机关、单位违反《保守国家秘密法》规定,对应当定密的事项不定密,对不应当定密的事项定密,或者未履行解密审核责任,造成严重后果的,依法对直接负责的主管人员和其他直接责任人员给予处分。

(3)机关、单位违反保密法律法规发生泄密案件,有下列情形之一的,根据情节轻重,对直接负责的主管人员和其他直接责任人员依法给予处分;构成犯罪的,依法追究刑事责任:①未落实保密工作责任制的;②未依法确定、变更或者解除国家秘密的;③未按照要求对涉密场所以及保密要害部门、部位进行防护或者管理的;④涉密信息系统未按照规定进行测评审查而投入使用,经责令整改仍不改正的;⑤未经保密审查或者保密审查不严,公开国家秘密的;⑥委托不具备从事涉密业务条件的单位从事涉密业务的;⑦违反涉密人员保密管理规定的;⑧发生泄密案件未按照规定报告或者未及时采取补救措施的;⑨未依法履行涉密数据安全管理责任的;⑩其他违反保密法律法规的情形。有前述情形尚不构成犯罪,且不适用处分的人员,由保密行政管理部门督促其主管部门予以处理。

(4)取得保密资质的企业事业单位违反国家保密规定的,由保密行政管理部门责令限期整改，给予警告或者通报批评；有违法所得的，没收违法所得；情节严重的，暂停涉密业务、降低资质等级；情节特别严重的，吊销保密资质。

(5)未取得保密资质的企业事业单位违法从事国家秘密载体制作、复制、维修、销毁，涉密信息系统集成，武器装备科研生产，或者涉密军事设施建设等涉及国家秘密业务的，由保密行政管理部门责令停止涉密业务，给予警告或者通报批评；有违法所得的，没收违法所得。

(6)在保密检查或者泄露国家秘密案件查处中，有关机关、单位及其工作人员拒不配合，弄虚作假，隐匿、销毁证据，或者以其他方式逃避、妨碍保密检查或者保密违法案件调查处理的，对直接负责的主管人员和其他直接责任人员依法给予处分；不适用处分的人员，由保密行政管理部门督促其主管部门予以处理。企业事业单位及其工作人员协助机关、单位逃避、妨碍保密检查或者保密违法案件调查处理的，由有关主管部门依法予以处罚。

3 网络运营者违法责任

网络运营者违反《保守国家秘密法》第34条规定的，由公安机关、国家安全机关、电信主管部门、保密行政管理部门按照各自职责分工依法予以处罚。

4 保密管理人员违法责任

保密行政管理部门的工作人员在履行保密管理职责中滥用职权、玩忽职守、徇私舞弊的，依法给予处分。

(二)《刑法》相关规定

1 为境外窃取、刺探、收买、非法提供国家秘密、情报罪

《刑法》第 111 条规定,为境外的机构、组织、人员窃取、刺探、收买、非法提供国家秘密或者情报的,处 5 年以上 10 年以下有期徒刑;情节特别严重的,处 10 年以上有期徒刑或者无期徒刑;情节较轻的,处 5 年以下有期徒刑、拘役、管制或者剥夺政治权利。

根据《刑法》第 113 条的规定,犯为境外窃取、刺探、收买、非法提供国家秘密、情报罪,对国家和人民危害特别严重、情节特别恶劣的,可以判处死刑,还可以并处没收财产。

2 非法获取国家秘密罪

《刑法》第 282 条第 1 款规定,以窃取、刺探、收买方法,非法获取国家秘密的,处 3 年以下有期徒刑、拘役、管制或者剥夺政治权利;情节严重的,处 3 年以上 7 年以下有期徒刑。

3 非法持有国家绝密、机密文件、资料、物品罪

《刑法》第 282 条第 2 款规定,非法持有属于国家绝密、机密的文件、资料或者其他物品,拒不说明来源与用途的,处 3 年以下有期徒刑、拘役或者管制。

4 利用计算机实施犯罪的提示性规定

《刑法》第 287 条规定，利用计算机实施金融诈骗、盗窃、贪污、挪用公款、窃取国家秘密或者其他犯罪的，依照《刑法》有关规定定罪处罚。

5 非法利用信息网络罪

《刑法》第 287 条之一规定，利用信息网络实施下列行为之一，情节严重的，处 3 年以下有期徒刑或者拘役，并处或者单处罚金：(1)设立用于实施诈骗、传授犯罪方法、制作或者销售违禁物品、管制物品等违法犯罪活动的网站、通讯群组的；(2)发布有关制作或者销售毒品、枪支、淫秽物品等违禁物品、管制物品或者其他违法犯罪信息的；(3)为实施诈骗等违法犯罪活动发布信息的。单位犯前述罪的，对单位判处罚金，并对其直接负责的主管人员和其他直接责任人员，依照前述规定处罚。有前述行为，同时构成其他犯罪的，依照处罚较重的规定定罪处罚。

6 帮助信息网络犯罪活动罪

《刑法》第 287 条之二规定，明知他人利用信息网络实施犯罪，为其犯罪提供互联网接入、服务器托管、网络存储、通讯传输等技术支持，或者提供广告推广、支付结算等帮助，情节严重的，处 3 年以下有期徒刑或者拘役，并处或者单处罚金。单位犯前述罪的，对单位判处罚金，并对其直接负责的主管人员和其他直接责任人员，依照前述规定处罚。有前述行为，同时构成其他犯罪的，依照处罚较重的规定定罪处罚。

7 故意泄露国家秘密罪、过失泄露国家秘密罪

《刑法》第 398 条规定，国家机关工作人员违反《保守国家秘密法》的规定，故意或者过失泄露国家秘密，情节严重的，处 3 年以下有期徒刑或者拘役；情节特别严重的，处 3 年以上 7 年以下有期徒刑。非国家机关工作人员犯前述罪的，依照前述规定酌情处罚。

8 非法获取军事秘密罪

《刑法》第 431 条第 1 款规定，以窃取、刺探、收买方法，非法获取军事秘密的，处 5 年以下有期徒刑；情节严重的，处 5 年以上 10 年以下有期徒刑；情节特别严重的，处 10 年以上有期徒刑。

9 为境外窃取、刺探、收买、非法提供军事秘密罪

《刑法》第 431 条第 2 款规定，为境外的机构、组织、人员窃取、刺探、收买、非法提供军事秘密的，处 5 年以上 10 年以下有期徒刑；情节严重的，处 10 年以上有期徒刑、无期徒刑或者死刑。

10 故意泄露军事秘密罪、过失泄露军事秘密罪

《刑法》第 432 条规定，违反保守国家秘密法规，故意或者过失泄露军事秘密，情节严重的，处 5 年以下有期徒刑或者拘役；情

节特别严重的,处5年以上10年以下有期徒刑。战时犯前述罪的,处5年以上10年以下有期徒刑;情节特别严重的,处10年以上有期徒刑或者无期徒刑。

(三)其他法律法规、部门规章相关规定

1 《反间谍法》相关规定

(1)《反间谍法》第54条第1~3款规定:"个人实施间谍行为,尚不构成犯罪的,由国家安全机关予以警告或者处十五日以下行政拘留,单处或者并处五万元以下罚款,违法所得在五万元以上的,单处或者并处违法所得一倍以上五倍以下罚款,并可以由有关部门依法予以处分。明知他人实施间谍行为,为其提供信息、资金、物资、劳务、技术、场所等支持、协助,或者窝藏、包庇,尚不构成犯罪的,依照前款的规定处罚。单位有前两款行为的,由国家安全机关予以警告,单处或者并处五十万元以下罚款,违法所得在五十万元以上的,单处或者并处违法所得一倍以上五倍以下罚款,并对直接负责的主管人员和其他直接责任人员,依照第一款的规定处罚。"

(2)国家安全机关根据相关单位、人员违法情节和后果,可以建议有关主管部门依法责令停止从事相关业务、提供相关服务或者责令停产停业、吊销有关证照、撤销登记。有关主管部门应当将作出行政处理的情况及时反馈国家安全机关。

(3)国家机关、人民团体、企业事业组织和其他社会组织未按照《反间谍法》规定履行反间谍安全防范义务的,国家安全机关可以责令改正;未按照要求改正的,国家安全机关可以约谈相关负

责人，必要时可以将约谈情况通报该单位上级主管部门；产生危害后果或者不良影响的，国家安全机关可以予以警告、通报批评；情节严重的，对负有责任的领导人员和直接责任人员，由有关部门依法予以处分。

2 《档案法》相关规定

(1)单位或者个人有下列行为之一，由县级以上档案主管部门、有关机关对直接负责的主管人员和其他直接责任人员依法给予处分：①丢失属于国家所有的档案的；②擅自提供、抄录、复制、公布属于国家所有的档案的；③买卖或者非法转让属于国家所有的档案的；④篡改、损毁、伪造档案或者擅自销毁档案的；⑤将档案出卖、赠送给外国人或者外国组织的；⑥不按规定归档或者不按期移交档案，被责令改正而拒不改正的；⑦不按规定向社会开放、提供利用档案的；⑧明知存在档案安全隐患而不采取补救措施，造成档案损毁、灭失，或者存在档案安全隐患被责令限期整改而逾期未整改的；⑨发生档案安全事故后，不采取抢救措施或者隐瞒不报、拒绝调查的；⑩档案工作人员玩忽职守，造成档案损毁、灭失的。

(2)利用档案馆的档案，有《档案法》第48条第1项、第2项、第4项违法行为之一的，由县级以上档案主管部门给予警告，并对单位处1万元以上10万元以下的罚款，对个人处500元以上5000元以下的罚款。

(3)档案服务企业在服务过程中有《档案法》第48条第1项、第2项、第4项违法行为之一的，由县级以上档案主管部门给予警告，并处2万元以上20万元以下的罚款。

(4)单位或者个人有《档案法》第 48 条第 3 项、第 5 项违法行为之一的,由县级以上档案主管部门给予警告,没收违法所得,并对单位处 1 万元以上 10 万元以下的罚款,对个人处 500 元以上 5000 元以下的罚款;并可以依照《档案法》第 22 条的规定征购所出卖或者赠送的档案。

(5)违反《档案法》规定,擅自运送、邮寄、携带或者通过互联网传输禁止出境的档案或者其复制件出境的,由海关或者有关部门予以没收、阻断传输,并对单位处 1 万元以上 10 万元以下的罚款,对个人处 500 元以上 5000 元以下的罚款;并将没收、阻断传输的档案或者其复制件移交档案主管部门。

3 《密码法》相关规定

(1)违反《密码法》第 12 条规定,窃取他人加密保护的信息,非法侵入他人的密码保障系统,或者利用密码从事危害国家安全、社会公共利益、他人合法权益等违法活动的,由有关部门依照《网络安全法》和其他有关法律、行政法规的规定追究法律责任。

(2)违反《密码法》第 14 条规定,未按照要求使用核心密码、普通密码的,由密码管理部门责令改正或者停止违法行为,给予警告;情节严重的,由密码管理部门建议有关国家机关、单位对直接负责的主管人员和其他直接责任人员依法给予处分或者处理。

(3)违反《密码法》规定,发生核心密码、普通密码泄密案件的,由保密行政管理部门、密码管理部门建议有关国家机关、单位对直接负责的主管人员和其他直接责任人员依法给予处分或者处理。

违反《密码法》第 17 条第 2 款规定,发现核心密码、普通密码泄密或者影响核心密码、普通密码安全的重大问题、风险隐患，未立即采取应对措施，或者未及时报告的，由保密行政管理部门、密码管理部门建议有关国家机关、单位对直接负责的主管人员和其他直接责任人员依法给予处分或者处理。

(4)密码管理部门和有关部门、单位的工作人员在密码工作中滥用职权、玩忽职守、徇私舞弊，或者泄露、非法向他人提供在履行职责中知悉的商业秘密和个人隐私的，依法给予处分。

4 《国家情报法》相关规定

(1)泄露与国家情报工作有关的国家秘密的，由国家情报工作机构建议相关单位给予处分或者由国家安全机关、公安机关处警告或者 15 日以下拘留；构成犯罪的，依法追究刑事责任。

(2)国家情报工作机构及其工作人员有超越职权、滥用职权，侵犯公民和组织的合法权益，利用职务便利为自己或者他人谋取私利，泄露国家秘密、商业秘密和个人信息等违法违纪行为的，依法给予处分；构成犯罪的，依法追究刑事责任。

5 《国家秘密定密管理规定》相关规定

(1)定密责任人和承办人违反《国家秘密定密管理规定》，有下列行为之一的，机关、单位应当及时纠正并进行批评教育；造成严重后果的，依纪依法给予处分并予以通报：①应当确定国家秘密而未确定的；②不应当确定国家秘密而确定的；③超出定密权限定密的；④未按照法定程序定密的；⑤未按规定标注国家秘密标志的；⑥未按规定变更国家秘密的密级、保密期限、知悉范围的;⑦未履行解密审核责任的;⑧不应当解除国家秘密而解除的;⑨应当解除国家秘密而未解除的;⑩违反《国家秘密定密管理规定》的其他行为。

(2)机关、单位未依法履行定密管理职责,导致定密工作不能正常进行的,应当给予通报批评;造成严重后果的,应当依法追究直接负责的主管人员和其他直接责任人员的责任。

6 《派生国家秘密定密管理暂行办法》相关规定

机关、单位发现定密责任人和承办人定密不当,有下列情形之一的,应当及时纠正并进行批评教育;造成严重后果的,依规依纪依法给予处分:(1)派生事项应当确定国家秘密而未确定的;(2)派生事项不应当确定国家秘密而确定的;(3)未按照法定程序派生定密的;(4)未按规定标注派生国家秘密标志的;(5)未按规定变更派生国家秘密的密级、保密期限、知悉范围的;(6)派生国家秘密不应当解除而解除的;(7)派生国家秘密应当解除而未解除的;(8)违反《派生国家秘密定密管理暂行办法》的其他情形。

7 《泄密案件查处办法》相关规定

(1)在泄密案件查处工作中,有关机关、单位及其工作人员拒不配合,弄虚作假,隐匿、销毁证据,以其他方式逃避、妨碍案件查处的,对直接负责的主管人员和其他直接责任人员依法给予处分。企事业单位及其工作人员协助机关、单位逃避、妨碍案件查处的,由有关主管部门依法予以处罚。

（2）保密行政管理部门办理泄密案件，未依法履行职责，或者滥用职权、玩忽职守、徇私舞弊的，对直接负责的主管人员和其他直接责任人员依法给予处分；构成犯罪的，依法追究刑事责任。

附录一　典型案例

检察机关依法惩治危害国家安全犯罪典型案例[①]

1. 陈某某为境外刺探、非法提供国家秘密案

被告人陈某某系某职业技术学院学生。2020年2月中旬，陈某某通过“探探”APP平台结识了境外人员“涵”。陈某某在明知“涵”是境外人员的情况下，为获取报酬，于2020年3月至2020年7月间，按照“涵”的要求，多次前往军港等军事基地，观察、搜集、拍摄涉军装备及部队位置等信息，并通过微信、坚果云、rocket. chat等软件发送给“涵”。陈某某先后收受“涵”通过微信、支付宝转账的报酬共计人民币1万余元以及鱼竿、卡西欧手表等财物。经密级鉴定，陈某某发送给“涵”的图片涉及1项机密级军事秘密、2项秘密级军事秘密和2项内部事项。

最终，陈某某因犯为境外刺探、非法提供国家秘密罪被判处有期徒刑六年，剥夺政治权利二年，并处没收个人财产人民币一万元。

2. 黄某某为境外刺探、非法提供国家秘密案

黄某某，案发前系婚纱摄影师。2019年7月，被告人黄某某通过微信聊天与境外人员“琪姐”结识。在“琪姐”的指示下，于2019年7月至2020年5月间，黄某某利用在某军港附近海滩从事婚纱摄影的便利，使用专业照相器材、手机等远景拍摄军港周边停泊的军舰，为了避免暴露自己，黄某某还采用欺骗、金钱引诱等方式委托他人为自

---

① 参见《检察机关依法惩治危害国家安全犯罪典型案例》，载中华人民共和国最高人民检察院网2022年4月16日，https://www.spp.gov.cn/xwfbh/wsfbt/202204/t20220416_554500.shtml#1。

己拍摄该军港附近海湾全景。黄某某以每周2到3次的频率,累计拍摄达90余次,其中涉及军港军舰照片384张。黄某某将拍摄的照片通过网络以共用网盘、群组共享等方式发送给境外人员“琪姐”,共收取对方提供的报酬人民币4万余元。经鉴定,涉案照片涉及绝密级秘密3项,机密级秘密2项。

最终,黄某某因犯为境外刺探、非法提供国家秘密罪被判处有期徒刑十四年,剥夺政治权利五年,并处没收个人财产人民币四万元。

3. 吴某某间谍案

被告人吴某某,男,案发前系某机场航务与运行管理部运行指挥员。2020年7月,被告人吴某某通过自己及其姐姐、哥哥等人的闲鱼账号在“闲鱼”软件承接跑腿业务,某间谍组织代理人“鱼总”通过“闲鱼”软件的自动回复号码搜索添加了被告人吴某某的微信。后吴某某在金钱诱惑下被“鱼总”发展,并接受其要求吴某某提供政府机关重要人员到某机场的行程信息,被告人吴某某利用自己在该机场运行管理部担任运行指挥员的便利,多次刺探、截获政府机关重要人员的行程信息,并通过境外聊天软件发送给“鱼总”,共收取“鱼总”提供的间谍经费人民币2.6万余元。经鉴定,被告人吴某某为间谍组织代理人“鱼总”提供的信息涉1项机密级军事秘密,2项秘密级军事秘密。

最终,吴某某因犯间谍罪被判处有期徒刑十三年,剥夺政治权利四年。

4. 赵某某等5人利用邪教组织破坏法律实施案

赵某某,女,57岁,初中文化,常年胃痛、脚痛,在小诊所长期吃药不见明显好转。2015年,其亲友告诉她,可以加入“门徒会”,在家诚心祷告,病就会好。于是她加入“门徒会”,并逐渐成为该组织的骨干成员。然而,赵某某的病却丝毫未见好转,反而越来越严重。案发后,通过检察机关办案人员耐心细致的教育转化,赵某某是最早表示愿意认罪认罚的犯罪嫌疑人。

根据赵某某等人的供述,“门徒会”引诱老百姓的方式主要有以下三种：一是神话“季三保”，鼓吹其无所不能。“门徒会”在发展信徒的时候，会宣称“季三宝能量很大，他最后成了神，向他祷告后哑巴能开口，聋子能听见，死人能复活，大病绝症得平安”，以此蛊惑人心，拉拢信徒。二是在传播过程中主打“治病”，治病功能生效的条件就是“刚强”地信仰该教，治病治不好就是信仰不刚强。这也是此类邪教最危险之处——用“两头堵”来糊弄老百姓，症状轻的人自愈了，觉得神奇，症状重的好不了，认为是自己信仰不刚强，从而耽误治疗时间。三是“高价”的精神关怀。为营造对信徒关心关爱的假象，信徒聚会时互相倾诉家长里短及烦恼，带给彼此被关怀的满足感，让信徒误认为有“家”的感觉，从而心甘情愿“献爱心”、缴纳“慈慧钱”。

“都是让这个邪教害的！如果能早点到大医院治疗，我的病就不会这样严重。”赵某某在法庭上接受公诉人的法庭教育后，深深忏悔道。通过承办检察官扎实有效的教转工作，最终赵某某等 5 人认罪认罚，分别被判处一年至四年不等有期徒刑。

最高人民法院发布平安中国建设第一批典型案例之涉国家安全典型案例①

李某某资助危害国家安全犯罪活动案

（一）基本案情

李某某，曾用名李某祥，男，1955 年出生于上海，后加入伯利兹籍，但长期在国内经商。2009 年，李某某在某西方大国参加一场反华活动时，结识了反华分子杨某某。此后，李某某在明知杨某某从事危

① 参见《最高法发布平安中国建设第一批典型案例》，载中华人民共和国最高人民法院网 2021 年 12 月 31 日，https://www.court.gov.cn/zixun/xiangqing/339541.html。

害我国国家安全犯罪活动的情况下，长期资助杨某某实施相关犯罪活动。其中，2016 年至 2019 年，李某某以现金或者支票方式资助杨某某 10 余万美元，折合人民币 100 余万元。

一审法院判决：李某某犯资助危害国家安全犯罪活动罪，判处有期徒刑十一年，并处没收个人财产人民币二百万元。一审宣判后，李某某提出上诉。二审法院裁定：驳回上诉，维持原判。

（二）裁判理由

根据刑法第一百零七条，资助危害国家安全犯罪活动罪，是指境内外机构、组织或者个人资助实施背叛国家、分裂国家、煽动分裂国家、武装叛乱、暴乱、颠覆国家政权、煽动颠覆国家政权的行为。背叛国家、分裂国家、煽动分裂国家、武装叛乱、暴乱、颠覆国家政权、煽动颠覆国家政权的行为都是对国家安全具有重大危害的犯罪，对这些危害国家安全的犯罪活动进行资助，实际上就是帮助犯，资助行为与被资助的危害国家安全犯罪活动侵害的目标是一致的，都是国家安全。本罪的犯罪主体为境内外机构、组织或者个人，实际上是一般主体，不仅包括境内机构、组织、个人，而且包括境外机构、组织、个人。刑法第六条规定，凡在中华人民共和国领域内犯罪的，除法律有特别规定的以外，都适用中国刑法；犯罪的行为或者结果有一项发生在中华人民共和国领域内的，就认为是在中华人民共和国领域内犯罪。资助危害国家安全犯罪活动，无论资助行为发生在国内还是国外，因资助的结果发生在中国领域内，所以属于在中国领域内犯罪，适用中国刑法。

本案中，被告人李某某明知杨某某在境外实施危害我国国家安全的犯罪活动仍向杨某某提供资助，资助杨某某实施了一系列危害我国国家安全的犯罪活动，给我国的国家安全造成严重危害，其行为符合刑法规定的资助危害国家安全犯罪活动罪的构成要件，依法应以资助危害国家安全犯罪活动罪定罪处罚。

（三）典型意义

李某某资助危害国家安全犯罪活动案，是近年来人民法院审理的一起典型危害国家安全犯罪案件。李某某出生在中国，生意在中国，却资助境外反华分子实施危害我国国家安全的犯罪活动，属于典型的吃中国饭砸中国碗的内奸。案件的依法审理，传递出国家安全不容侵犯的坚决态度：不管是谁，只要触犯了中华人民共和国刑法，危害到了我国国家安全，都将依法追究其刑事责任。

《国家安全法》第十一条第一款规定："中华人民共和国公民、一切国家机关和武装力量、各政党和各人民团体、企业事业组织和其他社会组织，都有维护国家安全的责任和义务。"维护国家安全，人人有责，也必须人人负责、人人尽责。公民和组织应当切实履行维护国家安全的义务，及时报告危害国家安全活动的线索，保守所知悉的国家秘密，为国家安全工作提供便利条件或者其他协助等。机关、人民团体、企业事业组织和其他社会组织应当对本单位的人员进行维护国家安全的教育，动员、组织本单位的人员防范、制止危害国家安全的行为。

国家安全是安邦定国的重要基石，维护国家安全是全国各族人民根本利益所在。人民法院作为审判机关，肩负着维护国家安全和社会稳定的神圣使命。近年来，人民法院坚决贯彻党中央决策部署，忠实履行刑事审判职责，依法坚决打击危害国家安全犯罪，为维护国家安全提供了坚强有力的司法保障。新时代新征程，人民法院将全面贯彻总体国家安全观，依法严厉打击敌对势力渗透、破坏、颠覆、分裂活动，坚决捍卫国家政治安全特别是政权安全、制度安全。

附录二　相关法律法规

中华人民共和国保守国家秘密法

（1988 年 9 月 5 日第七届全国人民代表大会常务委员会第三次会议通过　2010 年 4 月 29 日第十一届全国人民代表大会常务委员会第十四次会议第一次修订　2024 年 2 月 27 日第十四届全国人民代表大会常务委员会第八次会议第二次修订　自 2024 年 5 月 1 日起施行）

目　　录

第一章　总　　则

第一条　【立法目的与依据】[①]为了保守国家秘密，维护国家安全和利益，保障改革开放和社会主义现代化建设事业的顺利进行，根据宪法，制定本法。

第二条　【国家秘密的定义】国家秘密是关系国家安全和利益，

---

① 条文主旨为编者所加，下同。

依照法定程序确定，在一定时间内只限一定范围的人员知悉的事项。

第三条 【党的领导】坚持中国共产党对保守国家秘密（以下简称保密）工作的领导。中央保密工作领导机构领导全国保密工作，研究制定、指导实施国家保密工作战略和重大方针政策，统筹协调国家保密重大事项和重要工作，推进国家保密法治建设。

第四条 【基本原则】保密工作坚持总体国家安全观，遵循党管保密、依法管理，积极防范、突出重点，技管并重、创新发展的原则，既确保国家秘密安全，又便利信息资源合理利用。

法律、行政法规规定公开的事项，应当依法公开。

第五条 【保密义务】国家秘密受法律保护。

一切国家机关和武装力量、各政党和各人民团体、企业事业组织和其他社会组织以及公民都有保密的义务。

任何危害国家秘密安全的行为，都必须受到法律追究。

第六条 【主管部门】国家保密行政管理部门主管全国的保密工作。县级以上地方各级保密行政管理部门主管本行政区域的保密工作。

第七条 【机关、单位保密职责】国家机关和涉及国家秘密的单位（以下简称机关、单位）管理本机关和本单位的保密工作。

中央国家机关在其职权范围内管理或者指导本系统的保密工作。

第八条 【保密工作责任制】机关、单位应当实行保密工作责任制，依法设置保密工作机构或者指定专人负责保密工作，健全保密管理制度，完善保密防护措施，开展保密宣传教育，加强保密监督检查。

第九条 【宣传教育】国家采取多种形式加强保密宣传教育，将保密教育纳入国民教育体系和公务员教育培训体系，鼓励大众传播媒介面向社会进行保密宣传教育，普及保密知识，宣传保密法治，增强全社会的保密意识。

第十条 【保护保密领域的知识产权】国家鼓励和支持保密科学

技术研究和应用，提升自主创新能力，依法保护保密领域的知识产权。

第十一条　【工作规划和经费预算】县级以上人民政府应当将保密工作纳入本级国民经济和社会发展规划，所需经费列入本级预算。

机关、单位开展保密工作所需经费应当列入本机关、本单位年度预算或者年度收支计划。

第十二条　【人才队伍建设和表彰奖励】国家加强保密人才培养和队伍建设，完善相关激励保障机制。

对在保守、保护国家秘密工作中做出突出贡献的组织和个人，按照国家有关规定给予表彰和奖励。

第二章　国家秘密的范围和密级

第十三条　【国家秘密的基本范围】下列涉及国家安全和利益的事项，泄露后可能损害国家在政治、经济、国防、外交等领域的安全和利益的，应当确定为国家秘密：

（一）国家事务重大决策中的秘密事项；

（二）国防建设和武装力量活动中的秘密事项；

（三）外交和外事活动中的秘密事项以及对外承担保密义务的秘密事项；

（四）国民经济和社会发展中的秘密事项；

（五）科学技术中的秘密事项；

（六）维护国家安全活动和追查刑事犯罪中的秘密事项；

（七）经国家保密行政管理部门确定的其他秘密事项。

政党的秘密事项中符合前款规定的，属于国家秘密。

第十四条　【密级】国家秘密的密级分为绝密、机密、秘密三级。

绝密级国家秘密是最重要的国家秘密，泄露会使国家安全和利益遭受特别严重的损害；机密级国家秘密是重要的国家秘密，泄露会使国家安全和利益遭受严重的损害；秘密级国家秘密是一般的国家秘密,泄露会使国家安全和利益遭受损害。

第十五条 【保密事项范围】国家秘密及其密级的具体范围(以下简称保密事项范围),由国家保密行政管理部门单独或者会同有关中央国家机关规定。

军事方面的保密事项范围,由中央军事委员会规定。

保密事项范围的确定应当遵循必要、合理原则,科学论证评估,并根据情况变化及时调整。保密事项范围的规定应当在有关范围内公布。

第十六条 【定密责任人】机关、单位主要负责人及其指定的人员为定密责任人,负责本机关、本单位的国家秘密确定、变更和解除工作。

机关、单位确定、变更和解除本机关、本单位的国家秘密,应当由承办人提出具体意见,经定密责任人审核批准。

第十七条 【定密权限】确定国家秘密的密级,应当遵守定密权限。

中央国家机关、省级机关及其授权的机关、单位可以确定绝密级、机密级和秘密级国家秘密;设区的市级机关及其授权的机关、单位可以确定机密级和秘密级国家秘密;特殊情况下无法按照上述规定授权定密的,国家保密行政管理部门或者省、自治区、直辖市保密行政管理部门可以授予机关、单位定密权限。具体的定密权限、授权范围由国家保密行政管理部门规定。

下级机关、单位认为本机关、本单位产生的有关定密事项属于上级机关、单位的定密权限,应当先行采取保密措施,并立即报请上级机关、单位确定;没有上级机关、单位的,应当立即提请有相应定密权限的业务主管部门或者保密行政管理部门确定。

公安机关、国家安全机关在其工作范围内按照规定的权限确定国家秘密的密级。

第十八条 【派生定密】机关、单位执行上级确定的国家秘密事项或者办理其他机关、单位确定的国家秘密事项,需要派生定密的,应当根据所执行、办理的国家秘密事项的密级确定。

第十九条　【机关、单位的定密职责】机关、单位对所产生的国家秘密事项,应当按照保密事项范围的规定确定密级,同时确定保密期限和知悉范围;有条件的可以标注密点。

第二十条　【保密期限】国家秘密的保密期限,应当根据事项的性质和特点,按照维护国家安全和利益的需要,限定在必要的期限内;不能确定期限的,应当确定解密的条件。

国家秘密的保密期限,除另有规定外,绝密级不超过三十年,机密级不超过二十年,秘密级不超过十年。

机关、单位应当根据工作需要,确定具体的保密期限、解密时间或者解密条件。

机关、单位对在决定和处理有关事项工作过程中确定需要保密的事项,根据工作需要决定公开的,正式公布时即视为解密。

第二十一条　【知悉范围】国家秘密的知悉范围,应当根据工作需要限定在最小范围。

国家秘密的知悉范围能够限定到具体人员的,限定到具体人员;不能限定到具体人员的,限定到机关、单位,由该机关、单位限定到具体人员。

国家秘密的知悉范围以外的人员,因工作需要知悉国家秘密的,应当经过机关、单位主要负责人或者其指定的人员批准。原定密机关、单位对扩大国家秘密的知悉范围有明确规定的,应当遵守其规定。

第二十二条　【国家秘密标志】机关、单位对承载国家秘密的纸介质、光介质、电磁介质等载体(以下简称国家秘密载体)以及属于国家秘密的设备、产品,应当作出国家秘密标志。

涉及国家秘密的电子文件应当按照国家有关规定作出国家秘密标志。

不属于国家秘密的，不得作出国家秘密标志。

第二十三条　【密级、保密期限和知悉范围的变更】国家秘密的密级、保密期限和知悉范围，应当根据情况变化及时变更。国家秘密的密级、保密期限和知悉范围的变更，由原定密机关、单位决定，也可以由其上级机关决定。

国家秘密的密级、保密期限和知悉范围变更的，应当及时书面通知知悉范围内的机关、单位或者人员。

第二十四条　【审核与解密】机关、单位应当每年审核所确定的国家秘密。

国家秘密的保密期限已满的，自行解密。在保密期限内因保密事项范围调整不再作为国家秘密，或者公开后不会损害国家安全和利益，不需要继续保密的，应当及时解密；需要延长保密期限的，应当在原保密期限届满前重新确定密级、保密期限和知悉范围。提前解密或者延长保密期限的，由原定密机关、单位决定，也可以由其上级机关决定。

第二十五条　【不明确、有争议事项的确定】机关、单位对是否属于国家秘密或者属于何种密级不明确或者有争议的，由国家保密行政管理部门或者省、自治区、直辖市保密行政管理部门按照国家保密规定确定。

第三章　保 密 制 度

第二十六条　【国家秘密载体保密管理】国家秘密载体的制作、收发、传递、使用、复制、保存、维修和销毁，应当符合国家保密规定。

绝密级国家秘密载体应当在符合国家保密标准的设施、设备中保存，并指定专人管理；未经原定密机关、单位或者其上级机关批准，不得复制和摘抄；收发、传递和外出携带，应当指定人员负责，并采取必要的安全措施。

第二十七条　【密品管理】属于国家秘密的设备、产品的研制、生产、运输、使用、保存、维修和销毁,应当符合国家保密规定。

第二十八条　【国家秘密载体管理禁止性规定】机关、单位应当加强对国家秘密载体的管理,任何组织和个人不得有下列行为:

(一)非法获取、持有国家秘密载体;

(二)买卖、转送或者私自销毁国家秘密载体;

(三)通过普通邮政、快递等无保密措施的渠道传递国家秘密载体;

(四)寄递、托运国家秘密载体出境;

(五)未经有关主管部门批准,携带、传递国家秘密载体出境;

(六)其他违反国家秘密载体保密规定的行为。

第二十九条　【国家秘密信息管理禁止性规定】禁止非法复制、记录、存储国家秘密。

禁止未按照国家保密规定和标准采取有效保密措施,在互联网及其他公共信息网络或者有线和无线通信中传递国家秘密。

禁止在私人交往和通信中涉及国家秘密。

第三十条　【涉密信息系统的管理】存储、处理国家秘密的计算机信息系统(以下简称涉密信息系统)按照涉密程度实行分级保护。

涉密信息系统应当按照国家保密规定和标准规划、建设、运行、维护,并配备保密设施、设备。保密设施、设备应当与涉密信息系统同步规划、同步建设、同步运行。

涉密信息系统应当按照规定,经检查合格后,方可投入使用,并定期开展风险评估。

第三十一条　【信息系统、信息设备管理禁止性规定】机关、单位应当加强对信息系统、信息设备的保密管理,建设保密自监管设施,及时发现并处置安全保密风险隐患。任何组织和个人不得有下列行为:

(一)未按照国家保密规定和标准采取有效保密措施,将涉密信息系统、涉密信息设备接入互联网及其他公共信息网络;

（二）未按照国家保密规定和标准采取有效保密措施，在涉密信息系统、涉密信息设备与互联网及其他公共信息网络之间进行信息交换；

（三）使用非涉密信息系统、非涉密信息设备存储或者处理国家秘密；

（四）擅自卸载、修改涉密信息系统的安全技术程序、管理程序；

（五）将未经安全技术处理的退出使用的涉密信息设备赠送、出售、丢弃或者改作其他用途；

（六）其他违反信息系统、信息设备保密规定的行为。

第三十二条　【安全保密产品、保密技术装备的管理】用于保护国家秘密的安全保密产品和保密技术装备应当符合国家保密规定和标准。

国家建立安全保密产品和保密技术装备抽检、复检制度，由国家保密行政管理部门设立或者授权的机构进行检测。

第三十三条　【出版媒体及网络信息的管理】报刊、图书、音像制品、电子出版物的编辑、出版、印制、发行，广播节目、电视节目、电影的制作和播放，网络信息的制作、复制、发布、传播，应当遵守国家保密规定。

第三十四条　【网络运营者信息管理和配合义务】网络运营者应当加强对其用户发布的信息的管理，配合监察机关、保密行政管理部门、公安机关、国家安全机关对涉嫌泄露国家秘密案件进行调查处理；发现利用互联网及其他公共信息网络发布的信息涉嫌泄露国家秘密的，应当立即停止传输该信息，保存有关记录，向保密行政管理部门或者公安机关、国家安全机关报告；应当根据保密行政管理部门或者公安机关、国家安全机关的要求，删除涉及泄露国家秘密的信息，并对有关设备进行技术处理。

第三十五条　【信息公开保密审查】机关、单位应当依法对拟公开的信息进行保密审查，遵守国家保密规定。

第三十六条　【数据保密管理】开展涉及国家秘密的数据处理活动及其安全监管应当符合国家保密规定。

国家保密行政管理部门和省、自治区、直辖市保密行政管理部门会同有关主管部门建立安全保密防控机制，采取安全保密防控措施，防范数据汇聚、关联引发的泄密风险。

机关、单位应当对汇聚、关联后属于国家秘密事项的数据依法加强安全管理。

第三十七条　【涉外保密管理】机关、单位向境外或者向境外在中国境内设立的组织、机构提供国家秘密，任用、聘用的境外人员因工作需要知悉国家秘密的，按照国家有关规定办理。

第三十八条　【会议、活动保密管理】举办会议或者其他活动涉及国家秘密的，主办单位应当采取保密措施，并对参加人员进行保密教育，提出具体保密要求。

第三十九条　【要害部门部位保密管理】机关、单位应当将涉及绝密级或者较多机密级、秘密级国家秘密的机构确定为保密要害部门，将集中制作、存放、保管国家秘密载体的专门场所确定为保密要害部位，按照国家保密规定和标准配备、使用必要的技术防护设施、设备。

第四十条　【军事禁区等场所、部位保密管理】军事禁区、军事管理区和属于国家秘密不对外开放的其他场所、部位，应当采取保密措施，未经有关部门批准，不得擅自决定对外开放或者扩大开放范围。

涉密军事设施及其他重要涉密单位周边区域应当按照国家保密规定加强保密管理。

第四十一条　【从事涉密业务的企事业单位的管理】从事涉及国家秘密业务的企业事业单位，应当具备相应的保密管理能力，遵守国家保密规定。

从事国家秘密载体制作、复制、维修、销毁，涉密信息系统集成，武器装备科研生产，或者涉密军事设施建设等涉及国家秘密业务的企业事业单位,应当经过审查批准,取得保密资质。

第四十二条 【涉密采购和委托涉密业务保密管理】采购涉及国家秘密的货物、服务的机关、单位,直接涉及国家秘密的工程建设、设计、施工、监理等单位,应当遵守国家保密规定。

机关、单位委托企业事业单位从事涉及国家秘密的业务,应当与其签订保密协议,提出保密要求,采取保密措施。

第四十三条 【涉密人员分类管理】在涉密岗位工作的人员(以下简称涉密人员),按照涉密程度分为核心涉密人员、重要涉密人员和一般涉密人员,实行分类管理。

任用、聘用涉密人员应当按照国家有关规定进行审查。

涉密人员应当具有良好的政治素质和品行,经过保密教育培训,具备胜任涉密岗位的工作能力和保密知识技能,签订保密承诺书,严格遵守国家保密规定,承担保密责任。

涉密人员的合法权益受法律保护。对因保密原因合法权益受到影响和限制的涉密人员,按照国家有关规定给予相应待遇或者补偿。

第四十四条 【涉密人员管理制度】机关、单位应当建立健全涉密人员管理制度,明确涉密人员的权利、岗位责任和要求,对涉密人员履行职责情况开展经常性的监督检查。

第四十五条 【涉密人员出境管理】涉密人员出境应当经有关部门批准,有关机关认为涉密人员出境将对国家安全造成危害或者对国家利益造成重大损失的,不得批准出境。

第四十六条 【涉密人员离岗离职规定】涉密人员离岗离职应当遵守国家保密规定。机关、单位应当开展保密教育提醒,清退国家秘密载体,实行脱密期管理。涉密人员在脱密期内,不得违反规定就业和出境,不得以任何方式泄露国家秘密;脱密期结束后,应当遵守国家保密规定,对知悉的国家秘密继续履行保密义务。涉密人员严重违反离岗离职及脱密期国家保密规定的,机关、单位应当及时报告同级保密行政管理部门,由保密行政管理部门会同有关部门依法采取处置措施。

第四十七条 【泄密事件报告】国家工作人员或者其他公民发现国家秘密已经泄露或者可能泄露时,应当立即采取补救措施并及时报告有关机关、单位。机关、单位接到报告后,应当立即作出处理,并及时向保密行政管理部门报告。

第四章 监督管理

第四十八条 【规章、标准制定】国家保密行政管理部门依照法律、行政法规的规定,制定保密规章和国家保密标准。

第四十九条 【监督管理职责】保密行政管理部门依法组织开展保密宣传教育、保密检查、保密技术防护、保密违法案件调查处理工作,对保密工作进行指导和监督管理。

第五十条 【定密纠正】保密行政管理部门发现国家秘密确定、变更或者解除不当的,应当及时通知有关机关、单位予以纠正。

第五十一条 【保密检查与依法查处】保密行政管理部门依法对机关、单位遵守保密法律法规和相关制度的情况进行检查;涉嫌保密违法的,应当及时调查处理或者组织、督促有关机关、单位调查处理;涉嫌犯罪的,应当依法移送监察机关、司法机关处理。

对严重违反国家保密规定的涉密人员,保密行政管理部门应当建议有关机关、单位将其调离涉密岗位。

有关机关、单位和个人应当配合保密行政管理部门依法履行职责。

第五十二条 【保密违法行为处置措施】保密行政管理部门在保密检查和案件调查处理中,可以依法查阅有关材料、询问人员、记录情况,先行登记保存有关设施、设备、文件资料等;必要时,可以进行保密技术检测。

保密行政管理部门对保密检查和案件调查处理中发现的非法获取、持有的国家秘密载体,应当予以收缴;发现存在泄露国家秘密隐患的,应当要求采取措施,限期整改;对存在泄露国家秘密隐患的设施、设备、场所,应当责令停止使用。

第五十三条 【密级鉴定】办理涉嫌泄露国家秘密案件的机关,需要对有关事项是否属于国家秘密、属于何种密级进行鉴定的,由国家保密行政管理部门或者省、自治区、直辖市保密行政管理部门鉴定。

第五十四条 【处分监督】机关、单位对违反国家保密规定的人员不依法给予处分的,保密行政管理部门应当建议纠正;对拒不纠正的,提请其上一级机关或者监察机关对该机关、单位负有责任的领导人员和直接责任人员依法予以处理。

第五十五条 【风险评估、监测预警、应急处置、信息通报】设区的市级以上保密行政管理部门建立保密风险评估机制、监测预警制度、应急处置制度,会同有关部门开展信息收集、分析、通报工作。

第五十六条 【行业自律】保密协会等行业组织依照法律、行政法规的规定开展活动,推动行业自律,促进行业健康发展。

第五章 法律责任

第五十七条 【组织、个人保密违法责任】违反本法规定,有下列情形之一,根据情节轻重,依法给予处分;有违法所得的,没收违法所得:

(一)非法获取、持有国家秘密载体的;

(二)买卖、转送或者私自销毁国家秘密载体的;

(三)通过普通邮政、快递等无保密措施的渠道传递国家秘密载体的;

(四)寄递、托运国家秘密载体出境,或者未经有关主管部门批准,携带、传递国家秘密载体出境的;

(五)非法复制、记录、存储国家秘密的;

(六)在私人交往和通信中涉及国家秘密的;

（七）未按照国家保密规定和标准采取有效保密措施，在互联网及其他公共信息网络或者有线和无线通信中传递国家秘密的；

（八）未按照国家保密规定和标准采取有效保密措施，将涉密信息系统、涉密信息设备接入互联网及其他公共信息网络的；

（九）未按照国家保密规定和标准采取有效保密措施，在涉密信息系统、涉密信息设备与互联网及其他公共信息网络之间进行信息交换的；

（十）使用非涉密信息系统、非涉密信息设备存储、处理国家秘密的；

（十一）擅自卸载、修改涉密信息系统的安全技术程序、管理程序的；

（十二）将未经安全技术处理的退出使用的涉密信息设备赠送、出售、丢弃或者改作其他用途的；

（十三）其他违反本法规定的情形。

有前款情形尚不构成犯罪，且不适用处分的人员，由保密行政管理部门督促其所在机关、单位予以处理。

第五十八条　【机关、单位重大泄密和定密不当法律责任】机关、单位违反本法规定，发生重大泄露国家秘密案件的，依法对直接负责的主管人员和其他直接责任人员给予处分。不适用处分的人员，由保密行政管理部门督促其主管部门予以处理。

机关、单位违反本法规定，对应当定密的事项不定密，对不应当定密的事项定密，或者未履行解密审核责任，造成严重后果的，依法对直接负责的主管人员和其他直接责任人员给予处分。

第五十九条　【网络运营者保密违法责任】网络运营者违反本法第三十四条规定的，由公安机关、国家安全机关、电信主管部门、保密行政管理部门按照各自职责分工依法予以处罚。

第六十条　【承担涉密业务单位保密违法责任】取得保密资质的企业事业单位违反国家保密规定的，由保密行政管理部门责令限期整改，给予警告或者通报批评；有违法所得的，没收违法所得；情节严重的，暂停涉密业务、降低资质等级；情节特别严重的，吊销保密资质。

未取得保密资质的企业事业单位违法从事本法第四十一条第二款规定的涉密业务的，由保密行政管理部门责令停止涉密业务，给予警告或者通报批评；有违法所得的，没收违法所得。

第六十一条　【保密行政管理部门工作人员违法责任】保密行政管理部门的工作人员在履行保密管理职责中滥用职权、玩忽职守、徇私舞弊的，依法给予处分。

第六十二条　【刑事责任】违反本法规定，构成犯罪的，依法追究刑事责任。

第六章　附　　则

第六十三条　【军队保密规定授权】中国人民解放军和中国人民武装警察部队开展保密工作的具体规定，由中央军事委员会根据本法制定。

第六十四条　【工作秘密管理】机关、单位对履行职能过程中产生或者获取的不属于国家秘密但泄露后会造成一定不利影响的事项，适用工作秘密管理办法采取必要的保护措施。工作秘密管理办法另行规定。

第六十五条　【施行日期】本法自 2024 年 5 月 1 日起施行。

中华人民共和国
保守国家秘密法实施条例

（2014 年 1 月 17 日国务院令第 646 号公布　2024 年 7 月 10 日国务院令第 786 号修订　自 2024 年 9 月 1 日起施行）

第一章　总　　则

第一条　根据《中华人民共和国保守国家秘密法》（以下简称保密法）的规定，制定本条例。

第二条　坚持和加强中国共产党对保守国家秘密（以下简称保密）工作的领导。

中央保密工作领导机构领导全国保密工作，负责全国保密工作的顶层设计、统筹协调、整体推进、督促落实。

地方各级保密工作领导机构领导本地区保密工作，按照中央保密工作领导机构统一部署，贯彻落实党和国家保密工作战略及重大政策措施，统筹协调保密重大事项和重要工作，督促保密法律法规严格执行。

第三条　国家保密行政管理部门主管全国的保密工作。县级以上地方各级保密行政管理部门在上级保密行政管理部门指导下，主管本行政区域的保密工作。

第四条　中央国家机关在其职权范围内管理或者指导本系统的保密工作，监督执行保密法律法规，可以根据实际情况制定或者会同有关部门制定主管业务方面的保密规定。

第五条 国家机关和涉及国家秘密的单位(以下简称机关、单位)不得将依法应当公开的事项确定为国家秘密,不得将涉及国家秘密的信息公开。

第六条 机关、单位实行保密工作责任制,承担本机关、本单位保密工作主体责任。机关、单位主要负责人对本机关、本单位的保密工作负总责,分管保密工作的负责人和分管业务工作的负责人在职责范围内对保密工作负领导责任,工作人员对本岗位的保密工作负直接责任。

机关、单位应当加强保密工作力量建设,中央国家机关应当设立保密工作机构,配备专职保密干部,其他机关、单位应当根据保密工作需要设立保密工作机构或者指定人员专门负责保密工作。

机关、单位及其工作人员履行保密工作责任制情况应当纳入年度考评和考核内容。

第七条 县级以上人民政府应当加强保密基础设施建设和关键保密科学技术产品的配备。

省级以上保密行政管理部门应当推动保密科学技术自主创新,促进关键保密科学技术产品的研发工作,鼓励和支持保密科学技术研究和应用。

第八条 保密行政管理部门履行职责所需的经费,应当列入本级预算。机关、单位开展保密工作所需经费应当列入本机关、本单位的年度预算或者年度收支计划。

第九条 保密行政管理部门应当组织开展经常性的保密宣传教育。干部教育培训主管部门应当会同保密行政管理部门履行干部保密教育培训工作职责。干部教育培训机构应当将保密教育纳入教学体系。教育行政部门应当推动保密教育纳入国民教育体系。宣传部门应当指导鼓励大众传播媒介充分发挥作用,普及保密知识,宣传保密法治,推动全社会增强保密意识。

机关、单位应当定期对本机关、本单位工作人员进行保密工作优良传统、保密形势任务、保密法律法规、保密技术防范、保密违法案例警示等方面的教育培训。

第十条　保密行政管理部门应当按照国家有关规定完善激励保障机制，加强专门人才队伍建设、专业培训和装备配备，提升保密工作专业化能力和水平。教育行政部门应当加强保密相关学科专业建设指导和支持。

第十一条　对有下列表现之一的组织和个人，应当按照国家有关规定给予表彰和奖励：

（一）在危急情况下保护国家秘密安全的；

（二）在重大涉密活动中，为维护国家秘密安全做出突出贡献的；

（三）在保密科学技术研发中取得重大成果或者显著成绩的；

（四）及时检举泄露或者非法获取、持有国家秘密行为的；

（五）发现他人泄露或者可能泄露国家秘密，立即采取补救措施，避免或者减轻危害后果的；

（六）在保密管理等涉密岗位工作，忠于职守，严守国家秘密，表现突出的；

（七）其他在保守、保护国家秘密工作中做出突出贡献的。

第二章　国家秘密的范围和密级

第十二条　国家秘密及其密级的具体范围（以下称保密事项范围）应当明确规定国家秘密具体事项的名称、密级、保密期限、知悉范围和产生层级。

保密事项范围应当根据情况变化及时调整。制定、修订保密事项范围应当充分论证，听取有关机关、单位和相关行业、领域专家的意见。

第十三条　有定密权限的机关、单位应当依据本行业、本领域以及相关行业、领域保密事项范围，制定国家秘密事项一览表，并报同级保密行政管理部门备案。国家秘密事项一览表应当根据保密事项范围及时修订。

第十四条　机关、单位主要负责人为本机关、本单位法定定密责任人，根据工作需要，可以明确本机关、本单位其他负责人、内设机构负责人或者其他人员为指定定密责任人。

定密责任人、承办人应当接受定密培训，熟悉定密职责和保密事项范围，掌握定密程序和方法。

第十五条　定密责任人在职责范围内承担国家秘密确定、变更和解除工作，指导、监督职责范围内的定密工作。具体职责是：

（一）审核批准承办人拟定的国家秘密的密级、保密期限和知悉范围；

（二）对本机关、本单位确定的尚在保密期限内的国家秘密进行审核，作出是否变更或者解除的决定；

（三）参与制定修订本机关、本单位国家秘密事项一览表；

（四）对是否属于国家秘密和属于何种密级不明确的事项先行拟定密级、保密期限和知悉范围，并按照规定的程序报保密行政管理部门确定。

第十六条　中央国家机关、省级机关以及设区的市级机关可以根据保密工作需要或者有关机关、单位申请，在国家保密行政管理部门规定的定密权限、授权范围内作出定密授权。

无法按照前款规定授权的，省级以上保密行政管理部门可以根据保密工作需要或者有关机关、单位申请，作出定密授权。

定密授权应当以书面形式作出。授权机关应当对被授权机关、单位履行定密授权的情况进行监督。被授权机关、单位不得再授权。

中央国家机关、省级机关和省、自治区、直辖市保密行政管理部门作出的定密授权，报国家保密行政管理部门备案；设区的市级机关作出的定密授权，报省、自治区、直辖市保密行政管理部门备案。

第十七条 机关、单位应当在国家秘密产生的同时，由承办人依据有关保密事项范围拟定密级、保密期限和知悉范围，报定密责任人审核批准，并采取相应保密措施。

机关、单位对应当定密但本机关、本单位没有定密权限的事项，先行采取保密措施，并依照法定程序，报上级机关、单位确定；没有上级机关、单位的，报有定密权限的业务主管部门或者保密行政管理部门确定。

机关、单位确定国家秘密，能够明确密点的，按照国家保密规定确定并标注。

第十八条 机关、单位执行上级确定的国家秘密事项或者办理其他机关、单位确定的国家秘密事项，有下列情形之一的，应当根据所执行、办理的国家秘密事项的密级、保密期限和知悉范围派生定密：

（一）与已确定的国家秘密事项完全一致的；

（二）涉及已确定的国家秘密事项密点的；

（三）对已确定的国家秘密事项进行概括总结、编辑整合、具体细化的；

（四）原定密机关、单位对使用已确定的国家秘密事项有明确定密要求的。

第十九条 机关、单位对所产生的国家秘密，应当按照保密事项范围的规定确定具体的保密期限或者解密时间；不能确定的，应当确定解密条件。

国家秘密的保密期限，自标明的制发日起计算；不能标明制发日的，确定该国家秘密的机关、单位应当书面通知知悉范围内的机关、单位和人员，保密期限自通知之日起计算。

第二十条 机关、单位应当依法限定国家秘密的知悉范围，对知悉机密级以上国家秘密的人员，应当作出记录。

第二十一条 国家秘密载体以及属于国家秘密的设备、产品（以下简称密品）的明显部位应当作出国家秘密标志。国家秘密标志应当标注密级、保密期限。国家秘密的密级或者保密期限发生变更的，应当及时对原国家秘密标志作出变更。

无法作出国家秘密标志的，确定该国家秘密的机关、单位应当书面通知知悉范围内的机关、单位和人员。

第二十二条 机关、单位对所确定的国家秘密，认为符合保密法有关解除或者变更规定的，应当及时解除或者变更。

机关、单位对不属于本机关、本单位确定的国家秘密，认为符合保密法有关解除或者变更规定的，可以向原定密机关、单位或者其上级机关、单位提出建议。

已经依法移交各级国家档案馆的属于国家秘密的档案，由原定密机关、单位按照国家有关规定进行解密审核。

第二十三条 机关、单位被撤销或者合并、分立的，该机关、单位所确定国家秘密的变更和解除，由承担其职能的机关、单位负责；没有相应机关、单位的，由其上级机关、单位或者同级保密行政管理部门指定的机关、单位负责。

第二十四条 机关、单位发现本机关、本单位国家秘密的确定、变更和解除不当的，应当及时纠正；上级机关、单位发现下级机关、单位国家秘密的确定、变更和解除不当的，应当及时通知其纠正，也可以直接纠正。

第二十五条 机关、单位对符合保密法的规定，但保密事项范围没有规定的不明确事项，应当先行拟定密级、保密期限和知悉范围,采取相应的保密措施,并自拟定之日起10个工作日内报有关部门确定。拟定为绝密级的事项和中央国家机关拟定的机密级、秘密级的事项,报国家保密行政管理部门确定;其他机关、单位拟定的机密级、秘密级的事项,报省、自治区、直辖市保密行政管理部门确定。

保密行政管理部门接到报告后,应当在10个工作日内作出决定。省、自治区、直辖市保密行政管理部门还应当将所作决定及时报国家保密行政管理部门备案。

第二十六条 机关、单位对已确定的国家秘密事项是否属于国家秘密或者属于何种密级有不同意见的,可以向原定密机关、单位提出异议,由原定密机关、单位作出决定。

机关、单位对原定密机关、单位未予处理或者对作出的决定仍有异议的,按照下列规定办理:

(一)确定为绝密级的事项和中央国家机关确定的机密级、秘密级的事项,报国家保密行政管理部门确定;

(二)其他机关、单位确定的机密级、秘密级的事项,报省、自治区、直辖市保密行政管理部门确定;对省、自治区、直辖市保密行政管理部门作出的决定有异议的,可以报国家保密行政管理部门确定。

在原定密机关、单位或者保密行政管理部门作出决定前,对有关事项应当按照主张密级中的最高密级采取相应的保密措施。

第三章 保密制度

第二十七条 国家秘密载体管理应当遵守下列规定:

(一)制作国家秘密载体,应当由本机关、本单位或者取得国家秘密载体制作、复制资质的单位承担,制作场所、设备应当符合国家保密规定;

（二）收发国家秘密载体，应当履行清点、编号、登记、签收手续；

（三）传递国家秘密载体，应当通过机要交通、机要通信或者其他符合国家保密规定的方式进行；

（四）阅读、使用国家秘密载体，应当在符合国家保密规定的场所进行；

（五）复制国家秘密载体或者摘录、引用、汇编属于国家秘密的内容，应当按照规定报批，不得擅自改变原件的密级、保密期限和知悉范围，复制件应当加盖复制机关、单位戳记，并视同原件进行管理；

（六）保存国家秘密载体的场所、设施、设备，应当符合国家保密规定；

（七）维修国家秘密载体，应当由本机关、本单位专门技术人员负责。确需外单位人员维修的，应当由本机关、本单位的人员现场监督。确需在本机关、本单位以外维修的，应当符合国家保密规定；

（八）携带国家秘密载体外出，应当符合国家保密规定，并采取可靠的保密措施。携带国家秘密载体出境，应当按照国家保密规定办理审批手续；

（九）清退国家秘密载体，应当按照制发机关、单位要求办理。

第二十八条　销毁国家秘密载体，应当符合国家保密规定和标准，确保销毁的国家秘密信息无法还原。

销毁国家秘密载体，应当履行清点、登记、审批手续，并送交保密行政管理部门设立的工作机构或者指定的单位销毁。机关、单位因工作需要，自行销毁少量国家秘密载体的，应当使用符合国家保密标准的销毁设备和方法。

第二十九条　绝密级国家秘密载体管理还应当遵守下列

规定：

（一）收发绝密级国家秘密载体，应当指定专人负责；

（二）传递、携带绝密级国家秘密载体，应当两人以上同行，所用包装应当符合国家保密规定；

（三）阅读、使用绝密级国家秘密载体，应当在符合国家保密规定的指定场所进行；

（四）禁止复制、下载、汇编、摘抄绝密级文件信息资料，确有工作需要的，应当征得原定密机关、单位或者其上级机关同意；

（五）禁止将绝密级国家秘密载体携带出境，国家另有规定的从其规定。

第三十条　机关、单位应当依法对密品的研制、生产、试验、运输、使用、保存、维修、销毁等进行管理。

机关、单位应当及时确定密品的密级和保密期限，严格控制密品的接触范围，对放置密品的场所、部位采取安全保密防范措施。

绝密级密品的研制、生产、维修应当在符合国家保密规定的封闭场所进行，并设置专门放置、保存场所。

密品的零件、部件、组件等物品，涉及国家秘密的，按照国家保密规定管理。

第三十一条　机关、单位应当依法确定保密要害部门、部位，报同级保密行政管理部门确认，严格保密管理。

第三十二条　涉密信息系统按照涉密程度分为绝密级、机密级、秘密级。机关、单位应当根据涉密信息系统存储、处理信息的最高密级确定保护等级，按照分级保护要求采取相应的安全保密防护措施。

第三十三条　涉密信息系统应当由国家保密行政管理部门设立或者授权的机构进行检测评估，并经设区的市级以上保密行政管理部门审查合格，方可投入使用。

公安机关、国家安全机关的涉密信息系统测评审查工作按照国家保密行政管理部门会同国务院公安、国家安全部门制定的有关规定执行。

第三十四条 机关、单位应当加强信息系统、信息设备的运行维护、使用管理，指定专门机构或者人员负责运行维护、安全保密管理和安全审计，按照国家保密规定建设保密自监管设施，定期开展安全保密检查和风险评估，配合保密行政管理部门排查预警事件，及时发现并处置安全保密风险隐患。

第三十五条 机关、单位应当按照国家保密规定，对绝密级信息系统每年至少开展一次安全保密风险评估，对机密级及以下信息系统每两年至少开展一次安全保密风险评估。机关、单位涉密信息系统的密级、使用范围和使用环境等发生变化可能产生新的安全保密风险隐患的，应当按照国家保密规定和标准采取相应防护措施，并开展安全保密风险评估。

涉密信息系统中使用的信息设备应当安全可靠，以无线方式接入涉密信息系统的，应当符合国家保密和密码管理规定、标准。

涉密信息系统不再使用的，应当按照国家保密规定和标准对相关保密设施、设备进行处理，并及时向相关保密行政管理部门备案。

第三十六条 研制、生产、采购、配备用于保护国家秘密的安全保密产品和保密技术装备应当符合国家保密规定和标准。

国家鼓励研制生产单位根据保密工作需要，采用新技术、新方法、新工艺等创新安全保密产品和保密技术装备。

第三十七条 研制生产单位应当为用于保护国家秘密的安全保密产品和保密技术装备持续提供维修维护服务，建立漏洞、缺陷发现和处理机制，不得在安全保密产品和保密技术装备中设置恶意程序。

研制生产单位可以向国家保密行政管理部门设立或者授权的机构申请对安全保密产品和保密技术装备进行检测,检测合格的,上述机构颁发合格证书。研制生产单位生产的安全保密产品和保密技术装备应当与送检样品一致。

第三十八条　国家保密行政管理部门组织其设立或者授权的机构开展用于保护国家秘密的安全保密产品和保密技术装备抽检、复检,发现不符合国家保密规定和标准的,应当责令整改;存在重大缺陷或者重大泄密隐患的,应当责令采取停止销售、召回产品等补救措施,相关单位应当配合。

第三十九条　网络运营者应当遵守保密法律法规和国家有关规定,建立保密违法行为投诉、举报、发现、处置制度,完善受理和处理工作机制,制定泄密应急预案。发生泄密事件时,网络运营者应当立即启动应急预案,采取补救措施,并向保密行政管理部门或者公安机关、国家安全机关报告。

第四十条　网络运营者对保密行政管理部门依法实施的保密违法案件调查和预警事件排查,应当予以配合。

省级以上保密行政管理部门在履行保密监督管理职责中,发现网络存在较大泄密隐患或者发生泄密事件的,可以按照规定权限和程序对该网络运营者的法定代表人或者主要负责人进行约谈,督促其及时整改,消除隐患。

第四十一条　机关、单位应当加强对互联网使用的保密管理。机关、单位工作人员使用智能终端产品等应当符合国家保密规定,不得违反有关规定使用非涉密信息系统、信息设备存储、处理、传输国家秘密。

第四十二条　机关、单位应当健全信息公开保密审查工作机制,明确审查机构,规范审查程序,按照先审查、后公开的原则,对拟公开的信息逐项进行保密审查。

第四十三条 机关、单位应当承担涉密数据安全保护责任，涉密数据收集、存储、使用、加工、传输、提供等处理活动应当符合国家保密规定。

省级以上保密行政管理部门应当会同有关部门建立动态监测、综合评估等安全保密防控机制，指导机关、单位落实安全保密防控措施，防范数据汇聚、关联引发的泄密风险。

机关、单位应当对汇聚、关联后属于国家秘密事项的数据依法加强安全管理，落实安全保密防控措施。

第四十四条 机关、单位向境外或者向境外在中国境内设立的组织、机构提供国家秘密，任用、聘用的境外人员因工作需要知悉国家秘密的，应当按照国家保密规定办理，进行审查评估，签订保密协议，督促落实保密管理要求。

第四十五条 举办会议或者其他活动涉及国家秘密的，主办单位应当采取下列保密措施，承办、参加单位和人员应当配合：

（一）根据会议、活动的内容确定密级，制定保密方案，限定参加人员和工作人员范围；

（二）使用符合国家保密规定和标准的场所、设施、设备，采取必要保密技术防护等措施；

（三）按照国家保密规定管理国家秘密载体；

（四）对参加人员和工作人员进行身份核实和保密教育，提出具体保密要求；

（五）保密法律法规和国家保密规定要求的其他措施。

通过电视、电话、网络等方式举办会议或者其他活动涉及国家秘密的，还应当符合国家有关保密标准。

第四十六条 保密行政管理部门及其他主管部门应当加强对涉密军事设施及其他重要涉密单位周边区域保密管理工作的

指导和监督,建立协调机制,加强军地协作,组织督促整改,有关机关、单位应当配合,及时发现并消除安全保密风险隐患。

第四十七条　从事涉及国家秘密业务(以下简称涉密业务)的企业事业单位应当符合下列条件:

(一)在中华人民共和国境内依法成立1年以上的法人,国家另有规定的从其规定;

(二)无犯罪记录,近1年内未发生泄密案件;

(三)从事涉密业务的人员具有中华人民共和国国籍,国家另有规定的从其规定;

(四)保密制度完善,有专门的机构或者人员负责保密工作;

(五)用于涉密业务的场所、设施、设备符合国家保密规定和标准;

(六)具有从事涉密业务的专业能力;

(七)保密法律法规和国家保密规定要求的其他条件。

第四十八条　从事国家秘密载体制作、复制、维修、销毁,涉密信息系统集成,武器装备科研生产,或者涉密军事设施建设等涉密业务的企业事业单位,应当由保密行政管理部门单独或者会同有关部门进行保密审查,取得保密资质。

取得保密资质的企业事业单位,不得有下列行为:

(一)超出保密资质业务种类范围承担其他需要取得保密资质的业务;

(二)变造、出卖、出租、出借保密资质证书;

(三)将涉密业务转包给其他单位或者分包给无相应保密资质的单位;

(四)其他违反保密法律法规和国家保密规定的行为。

取得保密资质的企业事业单位实行年度自检制度,应当每年向作出准予行政许可决定的保密行政管理部门报送上一年度自检报告。

第四十九条 机关、单位采购涉及国家秘密的工程、货物、服务，或者委托企业事业单位从事涉密业务，应当根据国家保密规定确定密级，并符合国家保密规定和标准。机关、单位应当与有关单位、个人签订保密协议，提出保密要求，采取保密措施，实施全过程管理。

机关、单位采购或者委托企业事业单位从事本条例第四十八条第一款规定的涉密业务的，应当核验承担单位的保密资质。采购或者委托企业事业单位从事其他涉密业务的，应当核查参与单位的业务能力和保密管理能力。

政府采购监督管理部门、保密行政管理部门应当依法加强对涉及国家秘密的工程、货物、服务采购或者其他委托开展涉密业务的监督管理。

第五十条 机关、单位应当依法确定涉密岗位，对拟任用、聘用到涉密岗位工作的人员进行上岗前保密审查，确认其是否具备在涉密岗位工作的条件和能力。未通过保密审查的，不得任用、聘用到涉密岗位工作。

机关、单位组织人事部门负责组织实施保密审查时，拟任用、聘用到涉密岗位工作的人员应当如实提供有关情况；需要其原工作、学习单位以及居住地有关部门和人员配合的，相关单位、部门和人员应当配合。必要时，公安机关、国家安全机关依申请协助审查。

机关、单位组织人事部门应当定期组织复审，确保涉密人员符合涉密岗位工作要求。

第五十一条 涉密人员应当遵守保密法律法规和本机关、本单位保密制度，严格遵守保密纪律、履行保密承诺，接受保密管理，不得以任何方式泄露国家秘密。

第五十二条　机关、单位组织人事部门会同保密工作机构负责涉密人员保密管理工作。机关、单位保密工作机构应当对涉密人员履行保密责任情况开展经常性的监督检查，会同组织人事部门加强保密教育培训。

涉密人员出境，由机关、单位组织人事部门和保密工作机构提出意见，按照人事、外事审批权限审批。涉密人员出境应当经过保密教育培训，及时报告在境外相关情况。

第五十三条　涉密人员离岗离职应当遵守有关法律法规规定；离岗离职前，应当接受保密提醒谈话，签订离岗离职保密承诺书。机关、单位应当开展保密教育提醒，清退国家秘密载体、涉密设备，取消涉密信息系统访问权限，确定脱密期期限。涉密人员在脱密期内就业、出境应当遵守国家保密规定。涉密人员不得利用知悉的国家秘密为有关组织、个人提供服务或者谋取利益。

第五十四条　涉密人员擅自离职或者脱密期内严重违反国家保密规定的，机关、单位应当及时报告同级保密行政管理部门，由保密行政管理部门会同有关部门依法采取处置措施。

第五十五条　机关、单位应当建立健全涉密人员权益保障制度，按照国家有关规定给予因履行保密义务导致合法权益受到影响和限制的人员相应待遇或者补偿。

第四章　监督管理

第五十六条　机关、单位应当向同级保密行政管理部门报送本机关、本单位年度保密工作情况。下级保密行政管理部门应当向上级保密行政管理部门报送本行政区域年度保密工作情况。

第五十七条　国家建立和完善保密标准体系。国家保密行政管理部门依照法律、行政法规的规定制定国家保密标准；相关学会、协会等社会团体可以制定团体标准；相关企业可以制定企业标准。

第五十八条 机关、单位应当对遵守保密法律法规和相关制度情况开展自查自评。保密行政管理部门依法对下列情况进行检查：

（一）保密工作责任制落实情况；

（二）保密制度建设情况；

（三）保密宣传教育培训情况；

（四）涉密人员保密管理情况；

（五）国家秘密确定、变更、解除情况；

（六）国家秘密载体管理情况；

（七）信息系统和信息设备保密管理情况；

（八）互联网使用保密管理情况；

（九）涉密场所及保密要害部门、部位管理情况；

（十）采购涉及国家秘密的工程、货物、服务，或者委托企业事业单位从事涉密业务管理情况；

（十一）涉及国家秘密会议、活动管理情况；

（十二）信息公开保密审查情况；

（十三）其他遵守保密法律法规和相关制度的情况。

第五十九条 保密行政管理部门依法开展保密检查和案件调查处理，查阅有关材料、询问人员、记录情况，对有关设施、设备、文件资料等登记保存，进行保密技术检测，应当遵守国家有关规定和程序。

有关机关、单位和个人应当配合保密行政管理部门依法履行职责，如实反映情况，提供必要资料，不得弄虚作假，隐匿、销毁证据，或者以其他方式逃避、妨碍保密监督管理。

保密行政管理部门实施保密检查后，应当出具检查意见，对需要整改的，应当明确整改内容和期限，并在一定范围内通报检查结果。

第六十条 保密行政管理部门对涉嫌保密违法的线索和案件,应当依法及时调查处理或者组织、督促有关机关、单位调查处理;发现需要采取补救措施的,应当立即责令有关机关、单位和人员停止违法行为,采取有效补救措施。调查工作结束后,有违反保密法律法规的事实,需要追究责任的,保密行政管理部门应当依法作出行政处罚决定或者提出处理建议;涉嫌犯罪的,应当依法移送监察机关、司法机关处理。有关机关、单位应当及时将处理结果书面告知同级保密行政管理部门。

第六十一条 机关、单位发现国家秘密已经泄露或者可能泄露的,应当立即采取补救措施,并在 24 小时内向同级保密行政管理部门和上级主管部门报告。

地方各级保密行政管理部门接到泄密报告的,应当在 24 小时内逐级报至国家保密行政管理部门。

保密行政管理部门依法受理公民对涉嫌保密违法线索的举报,并保护举报人的合法权益。

第六十二条 保密行政管理部门收缴非法获取、持有的国家秘密载体,应当进行登记并出具清单,查清密级、数量、来源、扩散范围等,并采取相应的保密措施。

保密行政管理部门可以提请公安、市场监督管理等有关部门协助收缴非法获取、持有的国家秘密载体,有关部门应当予以配合。

第六十三条 办理涉嫌泄密案件的地方各级监察机关、司法机关申请国家秘密和情报鉴定的,向所在省、自治区、直辖市保密行政管理部门提出;办理涉嫌泄密案件的中央一级监察机关、司法机关申请国家秘密和情报鉴定的,向国家保密行政管理部门提出。

国家秘密和情报鉴定应当根据保密法律法规和保密事项范围等进行。保密行政管理部门受理鉴定申请后，应当自受理之日起30日内出具鉴定结论；不能按期出具的，经保密行政管理部门负责人批准，可以延长30日。专家咨询等时间不计入鉴定办理期限。

第六十四条　设区的市级以上保密行政管理部门应当建立监测预警制度，分析研判保密工作有关情况，配备监测预警设施和相应工作力量，发现、识别、处置安全保密风险隐患，及时发出预警通报。

第六十五条　保密行政管理部门和其他相关部门应当在保密工作中加强协调配合，及时通报情况。

第六十六条　保密行政管理部门及其工作人员应当按照法定的职权和程序开展工作，做到严格规范公正文明执法，依法接受监督。

第五章　法律责任

第六十七条　机关、单位违反保密法律法规发生泄密案件，有下列情形之一的，根据情节轻重，对直接负责的主管人员和其他直接责任人员依法给予处分；构成犯罪的，依法追究刑事责任：

（一）未落实保密工作责任制的；

（二）未依法确定、变更或者解除国家秘密的；

（三）未按照要求对涉密场所以及保密要害部门、部位进行防护或者管理的；

（四）涉密信息系统未按照规定进行测评审查而投入使用，经责令整改仍不改正的；

（五）未经保密审查或者保密审查不严，公开国家秘密的；

（六）委托不具备从事涉密业务条件的单位从事涉密业务的；

（七）违反涉密人员保密管理规定的；

（八）发生泄密案件未按照规定报告或者未及时采取补救措施的；

（九）未依法履行涉密数据安全管理责任的；

（十）其他违反保密法律法规的情形。

有前款情形尚不构成犯罪，且不适用处分的人员，由保密行政管理部门督促其主管部门予以处理。

第六十八条　在保密检查或者保密违法案件调查处理中，有关机关、单位及其工作人员拒不配合，弄虚作假，隐匿、销毁证据，或者以其他方式逃避、妨碍保密检查或者保密违法案件调查处理的，对直接负责的主管人员和其他直接责任人员依法给予处分；不适用处分的人员，由保密行政管理部门督促其主管部门予以处理。

企业事业单位及其工作人员协助机关、单位逃避、妨碍保密检查或者保密违法案件调查处理的，由有关主管部门依法予以处罚。

第六十九条　网络运营者违反保密法律法规，有下列情形之一的，由保密行政管理等部门按照各自职责分工责令限期整改，给予警告或者通报批评；情节严重的，处 5 万元以上 50 万元以下罚款，对直接负责的主管人员和其他直接责任人员处 1 万元以上 10 万元以下罚款：

（一）发生泄密事件，未依法采取补救措施的；

（二）未依法配合保密行政管理部门实施保密违法案件调查、预警事件排查的。

第七十条　用于保护国家秘密的安全保密产品和保密技术装备不符合国家保密规定和标准，有下列情形之一的，由保密行政管理等部门对研制生产单位给予警告或者通报批评，责令有关检测机构取消合格证书；有违法所得的，没收违法所得：

（一）研制生产单位拒不整改或者整改后仍不符合国家保密规定和标准的；

（二）安全保密产品和保密技术装备存在重大缺陷或者重大泄密隐患的；

（三）造成国家秘密泄露的；

（四）其他严重危害国家秘密安全的。

第七十一条 从事涉密业务的企业事业单位违反保密法律法规及国家保密规定的，由保密行政管理部门责令限期整改，给予警告或者通报批评；有违法所得的，没收违法所得。

取得保密资质的企业事业单位，有下列情形之一的，并处暂停涉密业务、降低资质等级：

（一）超出保密资质业务种类范围承担其他需要取得保密资质业务的；

（二）未按照保密行政管理部门要求时限完成整改或者整改后仍不符合保密法律法规及国家保密规定的；

（三）其他违反保密法律法规及国家保密规定，存在重大泄密隐患的。

取得保密资质的企业事业单位，有下列情形之一的，并处吊销保密资质：

（一）变造、出卖、出租、出借保密资质证书的；

（二）将涉密业务转包给其他单位或者分包给无相应保密资质单位的；

（三）发现国家秘密已经泄露或者可能泄露，未立即采取补救措施或者未按照规定时限报告的；

（四）拒绝、逃避、妨碍保密检查的；

（五）暂停涉密业务期间承接新的涉密业务的；

（六）暂停涉密业务期满仍不符合保密法律法规及国家保密

规定的；

（七）发生重大泄密案件的；

（八）其他严重违反保密法律法规及国家保密规定行为的。

第七十二条　保密行政管理部门未依法履行职责，或者滥用职权、玩忽职守、徇私舞弊的，对直接负责的主管人员和其他直接责任人员依法给予处分；构成犯罪的，依法追究刑事责任。

第六章　附　　则

第七十三条　中央国家机关应当结合工作实际制定本行业、本领域工作秘密事项具体范围，报国家保密行政管理部门备案。

机关、单位应当加强本机关、本单位工作秘密管理，采取技术防护、自监管等保护措施。违反有关规定造成工作秘密泄露，情节严重的，对直接负责的主管人员和其他直接责任人员依法给予处分。

第七十四条　本条例自2024年9月1日起施行。

中华人民共和国反间谍法

（2014年11月1日第十二届全国人民代表大会常务委员会第十一次会议通过　2023年4月26日第十四届全国人民代表大会常务委员会第二次会议修订）

目　　录

第一章 总 则

第一条 【立法目的】为了加强反间谍工作，防范、制止和惩治间谍行为，维护国家安全，保护人民利益，根据宪法，制定本法。

第二条 【基本原则】反间谍工作坚持党中央集中统一领导，坚持总体国家安全观，坚持公开工作与秘密工作相结合、专门工作与群众路线相结合，坚持积极防御、依法惩治、标本兼治，筑牢国家安全人民防线。

第三条 【尊重和保障人权】反间谍工作应当依法进行，尊重和保障人权，保障个人和组织的合法权益。

第四条 【间谍行为】本法所称间谍行为，是指下列行为：

（一）间谍组织及其代理人实施或者指使、资助他人实施，或者境内外机构、组织、个人与其相勾结实施的危害中华人民共和国国家安全的活动；

（二）参加间谍组织或者接受间谍组织及其代理人的任务，或者投靠间谍组织及其代理人；

（三）间谍组织及其代理人以外的其他境外机构、组织、个人实施或者指使、资助他人实施，或者境内机构、组织、个人与其相勾结实施的窃取、刺探、收买、非法提供国家秘密、情报以及其他关系国家安全和利益的文件、数据、资料、物品，或者策动、引诱、胁迫、收买国家工作人员叛变的活动；

（四）间谍组织及其代理人实施或者指使、资助他人实施，或者境内外机构、组织、个人与其相勾结实施针对国家机关、涉密单位或者关键信息基础设施等的网络攻击、侵入、干扰、控制、破坏等活动；

（五）为敌人指示攻击目标；

（六）进行其他间谍活动。

间谍组织及其代理人在中华人民共和国领域内，或者利用中华人民共和国的公民、组织或者其他条件，从事针对第三国的间谍活动，危害中华人民共和国国家安全的，适用本法。

第五条　【统筹协调】国家建立反间谍工作协调机制，统筹协调反间谍工作中的重大事项，研究、解决反间谍工作中的重大问题。

第六条　【主管机关】国家安全机关是反间谍工作的主管机关。

公安、保密等有关部门和军队有关部门按照职责分工，密切配合，加强协调，依法做好有关工作。

第七条　【公民、国家机关及各单位的义务】中华人民共和国公民有维护国家的安全、荣誉和利益的义务，不得有危害国家的安全、荣誉和利益的行为。

一切国家机关和武装力量、各政党和各人民团体、企业事业组织和其他社会组织，都有防范、制止间谍行为，维护国家安全的义务。

国家安全机关在反间谍工作中必须依靠人民的支持，动员、组织人民防范、制止间谍行为。

第八条　【支持、协助反间谍工作】任何公民和组织都应当依法支持、协助反间谍工作，保守所知悉的国家秘密和反间谍工作秘密。

第九条　【保护和奖励】国家对支持、协助反间谍工作的个人和组织给予保护。

对举报间谍行为或者在反间谍工作中做出重大贡献的个人和组织，按照国家有关规定给予表彰和奖励。

第十条　【追究境外机构、组织、个人】境外机构、组织、个人实施或者指使、资助他人实施的，或者境内机构、组织、个人与境外机构、组织、个人相勾结实施的危害中华人民共和国国家安全的间谍行为，都必须受到法律追究。

第十一条　【国家安全机关及其工作人员的职责】国家安全机关

及其工作人员在工作中，应当严格依法办事，不得超越职权、滥用职权，不得侵犯个人和组织的合法权益。

国家安全机关及其工作人员依法履行反间谍工作职责获取的个人和组织的信息，只能用于反间谍工作。对属于国家秘密、工作秘密、商业秘密和个人隐私、个人信息的，应当保密。

第二章　安全防范

第十二条　【国家机关、人民团体、企事业单位的安全防范责任】国家机关、人民团体、企业事业组织和其他社会组织承担本单位反间谍安全防范工作的主体责任，落实反间谍安全防范措施，对本单位的人员进行维护国家安全的教育，动员、组织本单位的人员防范、制止间谍行为。

地方各级人民政府、相关行业主管部门按照职责分工，管理本行政区域、本行业有关反间谍安全防范工作。

国家安全机关依法协调指导、监督检查反间谍安全防范工作。

第十三条　【反间谍宣传教育】各级人民政府和有关部门应当组织开展反间谍安全防范宣传教育，将反间谍安全防范知识纳入教育、培训、普法宣传内容，增强全民反间谍安全防范意识和国家安全素养。

新闻、广播、电视、文化、互联网信息服务等单位，应当面向社会有针对性地开展反间谍宣传教育。

国家安全机关应当根据反间谍安全防范形势，指导有关单位开展反间谍宣传教育活动，提高防范意识和能力。

第十四条　【不得非法获取、持有属于国家秘密的物品】任何个人和组织都不得非法获取、持有属于国家秘密的文件、数据、资料、物品。

第十五条　【专用间谍器材管控】任何个人和组织都不得非法生产、销售、持有、使用间谍活动特殊需要的专用间谍器材。专用间谍器材由国务院国家安全主管部门依照国家有关规定确认。

第十六条 【举报及处理】任何公民和组织发现间谍行为,应当及时向国家安全机关举报;向公安机关等其他国家机关、组织举报的,相关国家机关、组织应当立即移送国家安全机关处理。

国家安全机关应当将受理举报的电话、信箱、网络平台等向社会公开,依法及时处理举报信息,并为举报人保密。

第十七条 【建立反间谍安全防范重点单位管理制度】国家建立反间谍安全防范重点单位管理制度。

反间谍安全防范重点单位应当建立反间谍安全防范工作制度,履行反间谍安全防范工作要求,明确内设职能部门和人员承担反间谍安全防范职责。

第十八条 【加强对工作人员的教育和管理】反间谍安全防范重点单位应当加强对工作人员反间谍安全防范的教育和管理,对离岗离职人员脱密期内履行反间谍安全防范义务的情况进行监督检查。

第十九条 【反间谍物理防范措施】反间谍安全防范重点单位应当加强对涉密事项、场所、载体等的日常安全防范管理,采取隔离加固、封闭管理、设置警戒等反间谍物理防范措施。

第二十条 【反间谍技术防范】反间谍安全防范重点单位应当按照反间谍技术防范的要求和标准,采取相应的技术措施和其他必要措施,加强对要害部门部位、网络设施、信息系统的反间谍技术防范。

第二十一条 【建设项目规划管理】在重要国家机关、国防军工单位和其他重要涉密单位以及重要军事设施的周边安全控制区域内新建、改建、扩建建设项目的,由国家安全机关实施涉及国家安全事项的建设项目许可。

县级以上地方各级人民政府编制国民经济和社会发展规划、国土空间规划等有关规划,应当充分考虑国家安全因素和划定的安全控制区域,征求国家安全机关的意见。

安全控制区域的划定应当统筹发展和安全,坚持科学合理、确有必要的原则，由国家安全机关会同发展改革、自然资源、住房城乡建设、保密、国防科技工业等部门以及军队有关部门共同划定，报省、自治区、直辖市人民政府批准并动态调整。

涉及国家安全事项的建设项目许可的具体实施办法，由国务院国家安全主管部门会同有关部门制定。

第二十二条　【反间谍技术防范标准】国家安全机关根据反间谍工作需要，可以会同有关部门制定反间谍技术防范标准，指导有关单位落实反间谍技术防范措施，对存在隐患的单位，经过严格的批准手续，可以进行反间谍技术防范检查和检测。

第三章　调 查 处 置

第二十三条　【国家安全机关的职权】国家安全机关在反间谍工作中依法行使本法和有关法律规定的职权。

第二十四条　【查验、问询】国家安全机关工作人员依法执行反间谍工作任务时，依照规定出示工作证件，可以查验中国公民或者境外人员的身份证明，向有关个人和组织问询有关情况，对身份不明、有间谍行为嫌疑的人员，可以查看其随带物品。

第二十五条　【查验电子设备、设施及有关程序、工具】国家安全机关工作人员依法执行反间谍工作任务时，经设区的市级以上国家安全机关负责人批准，出示工作证件，可以查验有关个人和组织的电子设备、设施及有关程序、工具。查验中发现存在危害国家安全情形的，国家安全机关应当责令其采取措施立即整改。拒绝整改或者整改后仍存在危害国家安全隐患的，可以予以查封、扣押。

对依照前款规定查封、扣押的电子设备、设施及有关程序、工具，在危害国家安全的情形消除后，国家安全机关应当及时解除查封、扣押。

第二十六条　【有关个人和组织予以配合】国家安全机关工作人员依法执行反间谍工作任务时，根据国家有关规定，经设区的市级以上国家安全机关负责人批准,可以查阅、调取有关的文件、数据、资料、物品,有关个人和组织应当予以配合。查阅、调取不得超出执行反间谍工作任务所需的范围和限度。

第二十七条　【传唤】需要传唤违反本法的人员接受调查的,经国家安全机关办案部门负责人批准,使用传唤证传唤。对现场发现的违反本法的人员,国家安全机关工作人员依照规定出示工作证件,可以口头传唤,但应当在询问笔录中注明。传唤的原因和依据应当告知被传唤人。对无正当理由拒不接受传唤或者逃避传唤的人,可以强制传唤。

国家安全机关应当在被传唤人所在市、县内的指定地点或者其住所进行询问。

国家安全机关对被传唤人应当及时询问查证。询问查证的时间不得超过八小时;情况复杂,可能适用行政拘留或者涉嫌犯罪的,询问查证的时间不得超过二十四小时。国家安全机关应当为被传唤人提供必要的饮食和休息时间。严禁连续传唤。

除无法通知或者可能妨碍调查的情形以外,国家安全机关应当及时将传唤的原因通知被传唤人家属。在上述情形消失后,应当立即通知被传唤人家属。

第二十八条　【检查】国家安全机关调查间谍行为,经设区的市级以上国家安全机关负责人批准,可以依法对涉嫌间谍行为的人身、物品、场所进行检查。

检查女性身体的,应当由女性工作人员进行。

第二十九条　【查询财产信息】国家安全机关调查间谍行为,经设区的市级以上国家安全机关负责人批准,可以查询涉嫌间谍行为人员的相关财产信息。

第三十条　【查封、扣押、冻结】国家安全机关调查间谍行为,经设区的市级以上国家安全机关负责人批准,可以对涉嫌用于间谍行为的场所、设施或者财物依法查封、扣押、冻结;不得查封、扣押、冻结与被调查的间谍行为无关的场所、设施或者财物。

第三十一条 【采取查阅、调取、传唤等措施的程序和要求】国家安全机关工作人员在反间谍工作中采取查阅、调取、传唤、检查、查询、查封、扣押、冻结等措施，应当由二人以上进行，依照有关规定出示工作证件及相关法律文书，并由相关人员在有关笔录等书面材料上签名、盖章。

国家安全机关工作人员进行检查、查封、扣押等重要取证工作，应当对全过程进行录音录像，留存备查。

第三十二条 【如实提供证据】在国家安全机关调查了解有关间谍行为的情况、收集有关证据时，有关个人和组织应当如实提供，不得拒绝。

第三十三条 【出境限制】对出境后可能对国家安全造成危害，或者对国家利益造成重大损失的中国公民，国务院国家安全主管部门可以决定其在一定期限内不准出境，并通知移民管理机构。

对涉嫌间谍行为人员，省级以上国家安全机关可以通知移民管理机构不准其出境。

第三十四条 【入境管控】对入境后可能进行危害中华人民共和国国家安全活动的境外人员，国务院国家安全主管部门可以通知移民管理机构不准其入境。

第三十五条 【撤销不准出境、入境决定】对国家安全机关通知不准出境或者不准入境的人员，移民管理机构应当按照国家有关规定执行；不准出境、入境情形消失的，国家安全机关应当及时撤销不准出境、入境决定，并通知移民管理机构。

第三十六条 【网络风险应对】国家安全机关发现涉及间谍行为的网络信息内容或者网络攻击等风险，应当依照《中华人民共和国网络安全法》规定的职责分工，及时通报有关部门，由其依法处置或者责令电信业务经营者、互联网服务提供者及时采取修复漏洞、加固网络防护、停止传输、消除程序和内容、暂停相关服务、下架相关应用、关闭相关网站等措施，保存相关记录。情况紧急，不立即采取措施将对国家安全造成严重危害的，由国家安全机关责令有关单位修复漏洞、停止相关传输、暂停相关服务，并通报有关部门。

经采取相关措施，上述信息内容或者风险已经消除的，国家安全机关和有关部门应当及时作出恢复相关传输和服务的决定。

第三十七条　【技术侦察和身份保护措施】国家安全机关因反间谍工作需要，根据国家有关规定，经过严格的批准手续，可以采取技术侦察措施和身份保护措施。

第三十八条　【鉴定和评估】对违反本法规定，涉嫌犯罪，需要对有关事项是否属于国家秘密或者情报进行鉴定以及需要对危害后果进行评估的，由国家保密部门或者省、自治区、直辖市保密部门按照程序在一定期限内进行鉴定和组织评估。

第三十九条　【立案侦查】国家安全机关经调查，发现间谍行为涉嫌犯罪的，应当依照《中华人民共和国刑事诉讼法》的规定立案侦查。

第四章　保障与监督

第四十条　【执行职务受法律保护】国家安全机关工作人员依法履行职责，受法律保护。

第四十一条　【物流运营单位、电信业务经营者、互联网服务提供者的义务】国家安全机关依法调查间谍行为，邮政、快递等物流运营单位和电信业务经营者、互联网服务提供者应当提供必要的支持和协助。

第四十二条　【执行紧急任务交通优先】国家安全机关工作人员因执行紧急任务需要，经出示工作证件，享有优先乘坐公共交通工具、优先通行等通行便利。

第四十三条　【进入有关场所】国家安全机关工作人员依法执行任务时，依照规定出示工作证件，可以进入有关场所、单位；根据国家有关规定，经过批准，出示工作证件，可以进入限制进入的有关地区、场所、单位。

第四十四条 【优先使用与依法征用】国家安全机关因反间谍工作需要，根据国家有关规定，可以优先使用或者依法征用国家机关、人民团体、企业事业组织和其他社会组织以及个人的交通工具、通信工具、场地和建筑物等，必要时可以设置相关工作场所和设施设备，任务完成后应当及时归还或者恢复原状，并依照规定支付相应费用；造成损失的，应当给予补偿。

第四十五条 【通关便利】国家安全机关因反间谍工作需要，根据国家有关规定，可以提请海关、移民管理等检查机关对有关人员提供通关便利，对有关资料、器材等予以免检。有关检查机关应当依法予以协助。

第四十六条 【保护、营救和补偿】国家安全机关工作人员因执行任务，或者个人因协助执行反间谍工作任务，本人或者其近亲属的人身安全受到威胁时，国家安全机关应当会同有关部门依法采取必要措施，予以保护、营救。

个人因支持、协助反间谍工作，本人或者其近亲属的人身安全面临危险的，可以向国家安全机关请求予以保护。国家安全机关应当会同有关部门依法采取保护措施。

个人和组织因支持、协助反间谍工作导致财产损失的，根据国家有关规定给予补偿。

第四十七条 【妥善安置】对为反间谍工作做出贡献并需要安置的人员，国家给予妥善安置。

公安、民政、财政、卫生健康、教育、人力资源和社会保障、退役军人事务、医疗保障、移民管理等有关部门以及国有企业事业单位应当协助国家安全机关做好安置工作。

第四十八条 【抚恤优待】对因开展反间谍工作或者支持、协助反间谍工作导致伤残或者牺牲、死亡的人员，根据国家有关规定给予相应的抚恤优待。

第四十九条 【科技创新】国家鼓励反间谍领域科技创新,发挥科技在反间谍工作中的作用。

第五十条 【人才建设】国家安全机关应当加强反间谍专业力量人才队伍建设和专业训练,提升反间谍工作能力。

对国家安全机关工作人员应当有计划地进行政治、理论和业务培训。培训应当坚持理论联系实际、按需施教、讲求实效,提高专业能力。

第五十一条 【安全审查】国家安全机关应当严格执行内部监督和安全审查制度,对其工作人员遵守法律和纪律等情况进行监督,并依法采取必要措施,定期或者不定期进行安全审查。

第五十二条 【检举、控告】任何个人和组织对国家安全机关及其工作人员超越职权、滥用职权和其他违法行为,都有权向上级国家安全机关或者监察机关、人民检察院等有关部门检举、控告。受理检举、控告的国家安全机关或者监察机关、人民检察院等有关部门应当及时查清事实,依法处理,并将处理结果及时告知检举人、控告人。

对支持、协助国家安全机关工作或者依法检举、控告的个人和组织,任何个人和组织不得压制和打击报复。

第五章 法律责任

第五十三条 【刑事责任】实施间谍行为,构成犯罪的,依法追究刑事责任。

第五十四条 【行政处罚】个人实施间谍行为,尚不构成犯罪的,由国家安全机关予以警告或者处十五日以下行政拘留,单处或者并处五万元以下罚款,违法所得在五万元以上的,单处或者并处违法所得一倍以上五倍以下罚款,并可以由有关部门依法予以处分。

明知他人实施间谍行为,为其提供信息、资金、物资、劳务、技术、场所等支持、协助,或者窝藏、包庇,尚不构成犯罪的,依照前款的规定处罚。

单位有前两款行为的，由国家安全机关予以警告，单处或者并处五十万元以下罚款，违法所得在五十万元以上的，单处或者并处违法所得一倍以上五倍以下罚款，并对直接负责的主管人员和其他直接责任人员，依照第一款的规定处罚。

国家安全机关根据相关单位、人员违法情节和后果，可以建议有关主管部门依法责令停止从事相关业务、提供相关服务或者责令停产停业、吊销有关证照、撤销登记。有关主管部门应当将作出行政处理的情况及时反馈国家安全机关。

第五十五条　【自首、立功】实施间谍行为，有自首或者立功表现的，可以从轻、减轻或者免除处罚；有重大立功表现的，给予奖励。

在境外受胁迫或者受诱骗参加间谍组织、敌对组织，从事危害中华人民共和国国家安全的活动，及时向中华人民共和国驻外机构如实说明情况，或者入境后直接或者通过所在单位及时向国家安全机关如实说明情况，并有悔改表现的，可以不予追究。

第五十六条　【未履行反间谍安全防范义务的法律责任】国家机关、人民团体、企业事业组织和其他社会组织未按照本法规定履行反间谍安全防范义务的，国家安全机关可以责令改正；未按照要求改正的，国家安全机关可以约谈相关负责人，必要时可以将约谈情况通报该单位上级主管部门；产生危害后果或者不良影响的，国家安全机关可以予以警告、通报批评；情节严重的，对负有责任的领导人员和直接责任人员，由有关部门依法予以处分。

第五十七条　【违规建设的法律责任】违反本法第二十一条规定新建、改建、扩建建设项目的，由国家安全机关责令改正，予以警告；拒不改正或者情节严重的，责令停止建设或者使用、暂扣或者吊销许可证件，或者建议有关主管部门依法予以处理。

第五十八条　【物流运营单位、电信业务经营者、互联网服务提供者违规的法律责任】违反本法第四十一条规定的，由国家安全机关责令改正,予以警告或者通报批评;拒不改正或者情节严重的,由有关主管部门依照相关法律法规予以处罚。

第五十九条 【拒不配合数据调取的法律责任】违反本法规定,拒不配合数据调取的,由国家安全机关依照《中华人民共和国数据安全法》的有关规定予以处罚。

第六十条 【涉嫌刑事犯罪及行政处罚】违反本法规定,有下列行为之一,构成犯罪的,依法追究刑事责任;尚不构成犯罪的,由国家安全机关予以警告或者处十日以下行政拘留,可以并处三万元以下罚款:

(一)泄露有关反间谍工作的国家秘密;

(二)明知他人有间谍犯罪行为,在国家安全机关向其调查有关情况、收集有关证据时,拒绝提供;

(三)故意阻碍国家安全机关依法执行任务;

(四)隐藏、转移、变卖、损毁国家安全机关依法查封、扣押、冻结的财物;

(五)明知是间谍行为的涉案财物而窝藏、转移、收购、代为销售或者以其他方法掩饰、隐瞒;

(六)对依法支持、协助国家安全机关工作的个人和组织进行打击报复。

第六十一条 【非法获取、持有国家秘密的法律责任】非法获取、持有属于国家秘密的文件、数据、资料、物品,以及非法生产、销售、持有、使用专用间谍器材,尚不构成犯罪的,由国家安全机关予以警告或者处十日以下行政拘留。

第六十二条 【对查封、扣押、冻结财物的处理】国家安全机关对依照本法查封、扣押、冻结的财物,应当妥善保管,并按照下列情形分别处理:

(一)涉嫌犯罪的,依照《中华人民共和国刑事诉讼法》等有关法律的规定处理;

（二）尚不构成犯罪，有违法事实的，对依法应当没收的予以没收，依法应当销毁的予以销毁；

（三）没有违法事实的，或者与案件无关的，应当解除查封、扣押、冻结，并及时返还相关财物；造成损失的，应当依法予以赔偿。

第六十三条　【对涉案财物的处理】涉案财物符合下列情形之一的，应当依法予以追缴、没收，或者采取措施消除隐患：

（一）违法所得的财物及其孳息、收益，供实施间谍行为所用的本人财物；

（二）非法获取、持有的属于国家秘密的文件、数据、资料、物品；

（三）非法生产、销售、持有、使用的专用间谍器材。

第六十四条　【对非法获取利益的处理】行为人及其近亲属或者其他相关人员，因行为人实施间谍行为从间谍组织及其代理人获取的所有利益，由国家安全机关依法采取追缴、没收等措施。

第六十五条　【上缴国库】国家安全机关依法收缴的罚款以及没收的财物，一律上缴国库。

第六十六条　【境外人员违法的法律责任】境外人员违反本法的，国务院国家安全主管部门可以决定限期出境，并决定其不准入境的期限。未在规定期限内离境的，可以遣送出境。

对违反本法的境外人员，国务院国家安全主管部门决定驱逐出境的，自被驱逐出境之日起十年内不准入境，国务院国家安全主管部门的处罚决定为最终决定。

第六十七条　【行政处罚前的告知】国家安全机关作出行政处罚决定之前，应当告知当事人拟作出的行政处罚内容及事实、理由、依据，以及当事人依法享有的陈述、申辩、要求听证等权利，并依照《中华人民共和国行政处罚法》的有关规定实施。

第六十八条　【行政复议】当事人对行政处罚决定、行政强制措施决定、行政许可决定不服的，可以自收到决定书之日起六十日内，依法申请复议；对复议决定不服的，可以自收到复议决定书之日起十五日内，依法向人民法院提起诉讼。

第六十九条　【国家安全机关工作人员的法律责任】国家安全机关工作人员滥用职权、玩忽职守、徇私舞弊，或者有非法拘禁、刑讯逼供、暴力取证、违反规定泄露国家秘密、工作秘密、商业秘密和个人隐私、个人信息等行为，依法予以处分，构成犯罪的，依法追究刑事责任。

第六章　附　　则

第七十条　【参照适用】国家安全机关依照法律、行政法规和国家有关规定，履行防范、制止和惩治间谍行为以外的危害国家安全行为的职责，适用本法的有关规定。

公安机关在依法履行职责过程中发现、惩治危害国家安全的行为，适用本法的有关规定。

第七十一条　【施行日期】本法自 2023 年 7 月 1 日起施行。

中华人民共和国反间谍法实施细则

（2017 年 11 月 22 日国务院令第 692 号公布
自公布之日起施行）

第一章　总　　则

第一条　根据《中华人民共和国反间谍法》（以下简称《反间谍法》），制定本实施细则。

第二条　国家安全机关负责本细则的实施。

公安、保密行政管理等其他有关部门和军队有关部门按照职责分工，密切配合，加强协调，依法做好有关工作。

第三条 《反间谍法》所称“境外机构、组织”包括境外机构、组织在中华人民共和国境内设立的分支(代表)机构和分支组织;所称“境外个人”包括居住在中华人民共和国境内不具有中华人民共和国国籍的人。

第四条 《反间谍法》所称“间谍组织代理人”,是指受间谍组织或者其成员的指使、委托、资助,进行或者授意、指使他人进行危害中华人民共和国国家安全活动的人。

间谍组织和间谍组织代理人由国务院国家安全主管部门确认。

第五条 《反间谍法》所称“敌对组织”,是指敌视中华人民共和国人民民主专政的政权和社会主义制度,危害国家安全的组织。

敌对组织由国务院国家安全主管部门或者国务院公安部门确认。

第六条 《反间谍法》所称“资助”实施危害中华人民共和国国家安全的间谍行为,是指境内外机构、组织、个人的下列行为:

(一)向实施间谍行为的组织、个人提供经费、场所和物资的;

(二)向组织、个人提供用于实施间谍行为的经费、场所和物资的。

第七条 《反间谍法》所称“勾结”实施危害中华人民共和国国家安全的间谍行为,是指境内外组织、个人的下列行为:

(一)与境外机构、组织、个人共同策划或者进行危害国家安全的间谍活动的;

(二)接受境外机构、组织、个人的资助或者指使,进行危害国家安全的间谍活动的;

(三)与境外机构、组织、个人建立联系,取得支持、帮助,进行危害国家安全的间谍活动的。

第八条 下列行为属于《反间谍法》第三十九条所称“间谍行为以外的其他危害国家安全行为”:

(一)组织、策划、实施分裂国家、破坏国家统一,颠覆国家政权、推翻社会主义制度的；

（二）组织、策划、实施危害国家安全的恐怖活动的；

（三）捏造、歪曲事实，发表、散布危害国家安全的文字或者信息，或者制作、传播、出版危害国家安全的音像制品或者其他出版物的；

（四）利用设立社会团体或者企业事业组织，进行危害国家安全活动的；

（五）利用宗教进行危害国家安全活动的；

（六）组织、利用邪教进行危害国家安全活动的；

（七）制造民族纠纷，煽动民族分裂，危害国家安全的；

（八）境外个人违反有关规定，不听劝阻，擅自会见境内有危害国家安全行为或者有危害国家安全行为重大嫌疑的人员的。

第二章　国家安全机关在反间谍工作中的职权

第九条　境外个人被认为入境后可能进行危害中华人民共和国国家安全活动的，国务院国家安全主管部门可以决定其在一定时期内不得入境。

第十条　对背叛祖国、危害国家安全的犯罪嫌疑人，依据《反间谍法》第八条的规定，国家安全机关可以通缉、追捕。

第十一条　国家安全机关依法执行反间谍工作任务时，有权向有关组织和人员调查询问有关情况。

第十二条　国家安全机关工作人员依法执行反间谍工作任务时，对发现身份不明、有危害国家安全行为的嫌疑人员，可以检查其随带物品。

第十三条　国家安全机关执行反间谍工作紧急任务的车辆，可以配置特别通行标志和警灯、警报器。

第十四条　国家安全机关工作人员依法执行反间谍工作任务的行为，不受其他组织和个人的非法干涉。

国家安全机关工作人员依法执行反间谍工作任务时，应当出示国家安全部侦察证或者其他相应证件。

国家安全机关及其工作人员在工作中，应当严格依法办事，不得超越职权、滥用职权，不得侵犯组织和个人的合法权益。

第三章　公民和组织维护国家安全的义务和权利

第十五条　机关、团体和其他组织对本单位的人员进行维护国家安全的教育，动员、组织本单位的人员防范、制止间谍行为的工作，应当接受国家安全机关的协调和指导。

机关、团体和其他组织不履行《反间谍法》和本细则规定的安全防范义务，未按照要求整改或者未达到整改要求的，国家安全机关可以约谈相关负责人，将约谈情况通报该单位上级主管部门，推动落实防范间谍行为和其他危害国家安全行为的责任。

第十六条　下列情形属于《反间谍法》第七条所称"重大贡献"：

（一）为国家安全机关提供重要线索，发现、破获严重危害国家安全的犯罪案件的；

（二）为国家安全机关提供重要情况，防范、制止严重危害国家安全的行为发生的；

（三）密切配合国家安全机关执行国家安全工作任务，表现突出的；

（四）为维护国家安全，与危害国家安全的犯罪分子进行斗争，表现突出的；

（五）在教育、动员、组织本单位的人员防范、制止危害国家安全行为的工作中，成绩显著的。

第十七条　《反间谍法》第二十四条所称"非法持有属于国家秘密的文件、资料和其他物品"是指：

（一）不应知悉某项国家秘密的人员携带、存放属于该项国家秘密的文件、资料和其他物品的；

（二）可以知悉某项国家秘密的人员，未经办理手续，私自携带、留存属于该项国家秘密的文件、资料和其他物品的。

第十八条　《反间谍法》第二十五条所称“专用间谍器材”，是指进行间谍活动特殊需要的下列器材：

（一）暗藏式窃听、窃照器材；

（二）突发式收发报机、一次性密码本、密写工具；

（三）用于获取情报的电子监听、截收器材；

（四）其他专用间谍器材。

专用间谍器材的确认，由国务院国家安全主管部门负责。

第四章　法 律 责 任

第十九条　实施危害国家安全的行为，由有关部门依法予以处分，国家安全机关也可以予以警告；构成犯罪的，依法追究刑事责任。

第二十条　下列情形属于《反间谍法》第二十七条所称“立功表现”：

（一）揭发、检举危害国家安全的其他犯罪分子，情况属实的；

（二）提供重要线索、证据，使危害国家安全的行为得以发现和制止的；

（三）协助国家安全机关、司法机关捕获其他危害国家安全的犯罪分子的；

（四）对协助国家安全机关维护国家安全有重要作用的其他行为。

“重大立功表现”，是指在前款所列立功表现的范围内对国家安全工作有特别重要作用的。

第二十一条　有证据证明知道他人有间谍行为，或者经国家安全机关明确告知他人有危害国家安全的犯罪行为，在国家安全机关向其调查有关情况、收集有关证据时，拒绝提供的，依照《反间谍法》第二十九条的规定处理。

第二十二条　国家安全机关依法执行反间谍工作任务时，公民和组织依法有义务提供便利条件或者其他协助，拒不提供或者拒不协助，构成故意阻碍国家安全机关依法执行反间谍工作任务的，依照《反间谍法》第三十条的规定处罚。

第二十三条 故意阻碍国家安全机关依法执行反间谍工作任务，造成国家安全机关工作人员人身伤害或者财物损失的，应当依法承担赔偿责任，并由司法机关或者国家安全机关依照《反间谍法》第三十条的规定予以处罚。

第二十四条 对涉嫌间谍行为的人员，国家安全机关可以决定其在一定期限内不得出境。对违反《反间谍法》的境外个人，国务院国家安全主管部门可以决定限期离境或者驱逐出境，并决定其不得入境的期限。被驱逐出境的境外个人，自被驱逐出境之日起 10 年内不得入境。

第五章 附 则

第二十五条 国家安全机关、公安机关依照法律、行政法规和国家有关规定，履行防范、制止和惩治间谍行为以外的其他危害国家安全行为的职责，适用本细则的有关规定。

第二十六条 本细则自公布之日起施行。1994 年 6 月 4 日国务院发布的《中华人民共和国国家安全法实施细则》同时废止。

中华人民共和国国家安全法

（2015 年 7 月 1 日第十二届全国人民代表大会常务委员会第十五次会议通过　2015 年 7 月 1 日中华人民共和国主席令第 29 号公布　自公布之日起施行）

目　　录

第一章　总　　则

第一条　【立法目的】为了维护国家安全，保卫人民民主专政的政权和中国特色社会主义制度，保护人民的根本利益，保障改革开放和社会主义现代化建设的顺利进行，实现中华民族伟大复兴，根据宪法，制定本法。

第二条 【国家安全】国家安全是指国家政权、主权、统一和领土完整、人民福祉、经济社会可持续发展和国家其他重大利益相对处于没有危险和不受内外威胁的状态，以及保障持续安全状态的能力。

第三条 【立法基础】国家安全工作应当坚持总体国家安全观，以人民安全为宗旨，以政治安全为根本，以经济安全为基础，以军事、文化、社会安全为保障，以促进国际安全为依托，维护各领域国家安全，构建国家安全体系，走中国特色国家安全道路。

第四条 【中国共产党领导原则】坚持中国共产党对国家安全工作的领导，建立集中统一、高效权威的国家安全领导体制。

第五条 【中央国家安全领导机构】中央国家安全领导机构负责国家安全工作的决策和议事协调，研究制定、指导实施国家安全战略和有关重大方针政策，统筹协调国家安全重大事项和重要工作，推动国家安全法治建设。

第六条 【制定完善国家安全战略】国家制定并不断完善国家安全战略，全面评估国际、国内安全形势，明确国家安全战略的指导方针、中长期目标、重点领域的国家安全政策、工作任务和措施。

第七条 【基本原则】维护国家安全，应当遵守宪法和法律，坚持社会主义法治原则，尊重和保障人权，依法保护公民的权利和自由。

第八条 【与经济发展相协调原则、全面统筹原则】维护国家安全，应当与经济社会发展相协调。

国家安全工作应当统筹内部安全和外部安全、国土安全和国民安全、传统安全和非传统安全、自身安全和共同安全。

第九条 【适用原则】维护国家安全，应当坚持预防为主、标本兼治，专门工作与群众路线相结合，充分发挥专门机关和其他有关机关维护国家安全的职能作用，广泛动员公民和组织，防范、制止和依法惩治危害国家安全的行为。

第十条 【共同发展原则】维护国家安全，应当坚持互信、互利、平等、协作，积极同外国政府和国际组织开展安全交流合作，履行国际安全义务，促进共同安全，维护世界和平。

第十一条　【全体参与原则】中华人民共和国公民、一切国家机关和武装力量、各政党和各人民团体、企业事业组织和其他社会组织，都有维护国家安全的责任和义务。

中国的主权和领土完整不容侵犯和分割。维护国家主权、统一和领土完整是包括港澳同胞和台湾同胞在内的全中国人民的共同义务。

第十二条　【奖励表彰】国家对在维护国家安全工作中作出突出贡献的个人和组织给予表彰和奖励。

第十三条　【责任追究】国家机关工作人员在国家安全工作和涉及国家安全活动中，滥用职权、玩忽职守、徇私舞弊的，依法追究法律责任。

任何个人和组织违反本法和有关法律，不履行维护国家安全义务或者从事危害国家安全活动的，依法追究法律责任。

第十四条　【国家安全教育日】每年4月15日为全民国家安全教育日。

第二章　维护国家安全的任务

第十五条　【维护内容】国家坚持中国共产党的领导，维护中国特色社会主义制度，发展社会主义民主政治，健全社会主义法治，强化权力运行制约和监督机制，保障人民当家作主的各项权利。

国家防范、制止和依法惩治任何叛国、分裂国家、煽动叛乱、颠覆或者煽动颠覆人民民主专政政权的行为；防范、制止和依法惩治窃取、泄露国家秘密等危害国家安全的行为；防范、制止和依法惩治境外势力的渗透、破坏、颠覆、分裂活动。

第十六条　【维护公民权益】国家维护和发展最广大人民的根本利益，保卫人民安全，创造良好生存发展条件和安定工作生活环境，保障公民的生命财产安全和其他合法权益。

第十七条 【维护国家主权】国家加强边防、海防和空防建设，采取一切必要的防卫和管控措施，保卫领陆、内水、领海和领空安全，维护国家领土主权和海洋权益。

第十八条 【加强武装力量】国家加强武装力量革命化、现代化、正规化建设，建设与保卫国家安全和发展利益需要相适应的武装力量；实施积极防御军事战略方针，防备和抵御侵略，制止武装颠覆和分裂；开展国际军事安全合作，实施联合国维和、国际救援、海上护航和维护国家海外利益的军事行动，维护国家主权、安全、领土完整、发展利益和世界和平。

第十九条 【维护经济利益】国家维护国家基本经济制度和社会主义市场经济秩序，健全预防和化解经济安全风险的制度机制，保障关系国民经济命脉的重要行业和关键领域、重点产业、重大基础设施和重大建设项目以及其他重大经济利益安全。

第二十条 【维护金融安全】国家健全金融宏观审慎管理和金融风险防范、处置机制，加强金融基础设施和基础能力建设，防范和化解系统性、区域性金融风险，防范和抵御外部金融风险的冲击。

第二十一条 【资源能源】国家合理利用和保护资源能源，有效管控战略资源能源的开发，加强战略资源能源储备，完善资源能源运输战略通道建设和安全保护措施，加强国际资源能源合作，全面提升应急保障能力，保障经济社会发展所需的资源能源持续、可靠和有效供给。

第二十二条 【粮食安全】国家健全粮食安全保障体系，保护和提高粮食综合生产能力，完善粮食储备制度、流通体系和市场调控机制，健全粮食安全预警制度，保障粮食供给和质量安全。

第二十三条 【文化发展】国家坚持社会主义先进文化前进方向，继承和弘扬中华民族优秀传统文化，培育和践行社会主义核心价值观，防范和抵制不良文化的影响，掌握意识形态领域主导权，增强文化整体实力和竞争力。

第二十四条　【技术发展】国家加强自主创新能力建设，加快发展自主可控的战略高新技术和重要领域核心关键技术，加强知识产权的运用、保护和科技保密能力建设，保障重大技术和工程的安全。

第二十五条　【网络安全】国家建设网络与信息安全保障体系，提升网络与信息安全保护能力，加强网络和信息技术的创新研究和开发应用，实现网络和信息核心技术、关键基础设施和重要领域信息系统及数据的安全可控；加强网络管理，防范、制止和依法惩治网络攻击、网络入侵、网络窃密、散布违法有害信息等网络违法犯罪行为，维护国家网络空间主权、安全和发展利益。

第二十六条　【民族政策】国家坚持和完善民族区域自治制度，巩固和发展平等团结互助和谐的社会主义民族关系。坚持各民族一律平等，加强民族交往、交流、交融，防范、制止和依法惩治民族分裂活动，维护国家统一、民族团结和社会和谐，实现各民族共同团结奋斗、共同繁荣发展。

第二十七条　【宗教政策】国家依法保护公民宗教信仰自由和正常宗教活动，坚持宗教独立自主自办的原则，防范、制止和依法惩治利用宗教名义进行危害国家安全的违法犯罪活动，反对境外势力干涉境内宗教事务，维护正常宗教活动秩序。

国家依法取缔邪教组织，防范、制止和依法惩治邪教违法犯罪活动。

第二十八条　【反恐】国家反对一切形式的恐怖主义和极端主义，加强防范和处置恐怖主义的能力建设，依法开展情报、调查、防范、处置以及资金监管等工作，依法取缔恐怖活动组织和严厉惩治暴力恐怖活动。

第二十九条　【维护公共安全及社会安定】国家健全有效预防和化解社会矛盾的体制机制，健全公共安全体系，积极预防、减少和化解社会矛盾，妥善处置公共卫生、社会安全等影响国家安全和社会稳定的突发事件，促进社会和谐，维护公共安全和社会安定。

第三十条 【生态环境保护】国家完善生态环境保护制度体系，加大生态建设和环境保护力度，划定生态保护红线，强化生态风险的预警和防控，妥善处置突发环境事件，保障人民赖以生存发展的大气、水、土壤等自然环境和条件不受威胁和破坏，促进人与自然和谐发展。

第三十一条 【核技术】国家坚持和平利用核能和核技术，加强国际合作，防止核扩散，完善防扩散机制，加强对核设施、核材料、核活动和核废料处置的安全管理、监管和保护，加强核事故应急体系和应急能力建设，防止、控制和消除核事故对公民生命健康和生态环境的危害，不断增强有效应对和防范核威胁、核攻击的能力。

第三十二条 【外层空间、国际海底区域、极地的探索利用】国家坚持和平探索和利用外层空间、国际海底区域和极地，增强安全进出、科学考察、开发利用的能力，加强国际合作，维护我国在外层空间、国际海底区域和极地的活动、资产和其他利益的安全。

第三十三条 【保护海外利益】国家依法采取必要措施，保护海外中国公民、组织和机构的安全和正当权益，保护国家的海外利益不受威胁和侵害。

第三十四条 【完善维护】国家根据经济社会发展和国家发展利益的需要，不断完善维护国家安全的任务。

第三章 维护国家安全的职责

第三十五条 【全国人大及常委会职权】全国人民代表大会依照宪法规定，决定战争和和平的问题，行使宪法规定的涉及国家安全的其他职权。

全国人民代表大会常务委员会依照宪法规定，决定战争状态的宣布，决定全国总动员或者局部动员，决定全国或者个别省、自治区、直辖市进入紧急状态，行使宪法规定的和全国人民代表大会授予的涉及国家安全的其他职权。

第三十六条　【主席职权】中华人民共和国主席根据全国人民代表大会的决定和全国人民代表大会常务委员会的决定，宣布进入紧急状态，宣布战争状态，发布动员令，行使宪法规定的涉及国家安全的其他职权。

第三十七条　【国务院职权】国务院根据宪法和法律，制定涉及国家安全的行政法规，规定有关行政措施，发布有关决定和命令；实施国家安全法律法规和政策；依照法律规定决定省、自治区、直辖市的范围内部分地区进入紧急状态；行使宪法法律规定的和全国人民代表大会及其常务委员会授予的涉及国家安全的其他职权。

第三十八条　【中央军事委员会职权】中央军事委员会领导全国武装力量，决定军事战略和武装力量的作战方针，统一指挥维护国家安全的军事行动，制定涉及国家安全的军事法规，发布有关决定和命令。

第三十九条　【中央国家机关职权】中央国家机关各部门按照职责分工，贯彻执行国家安全方针政策和法律法规，管理指导本系统、本领域国家安全工作。

第四十条　【地方各级人大及其常委会、人民政府、特别行政区职权】地方各级人民代表大会和县级以上地方各级人民代表大会常务委员会在本行政区域内，保证国家安全法律法规的遵守和执行。

地方各级人民政府依照法律法规规定管理本行政区域内的国家安全工作。

香港特别行政区、澳门特别行政区应当履行维护国家安全的责任。

第四十一条　【法院、检察院职权】人民法院依照法律规定行使审判权，人民检察院依照法律规定行使检察权，惩治危害国家安全的犯罪。

第四十二条　【国家安全机关、公安机关、军事机关职权】国家安全机关、公安机关依法搜集涉及国家安全的情报信息，在国家安全工作中依法行使侦查、拘留、预审和执行逮捕以及法律规定的其他职权。

有关军事机关在国家安全工作中依法行使相关职权。

第四十三条 【国家机关及其工作人员依法履行职责】国家机关及其工作人员在履行职责时,应当贯彻维护国家安全的原则。

国家机关及其工作人员在国家安全工作和涉及国家安全活动中,应当严格依法履行职责,不得超越职权、滥用职权,不得侵犯个人和组织的合法权益。

第四章 国家安全制度

第一节 一般规定

第四十四条 【统分结合、协调高效的领导机制】中央国家安全领导机构实行统分结合、协调高效的国家安全制度与工作机制。

第四十五条 【重点领域工作协调机制】国家建立国家安全重点领域工作协调机制,统筹协调中央有关职能部门推进相关工作。

第四十六条 【督促检查和责任追究机制】国家建立国家安全工作督促检查和责任追究机制,确保国家安全战略和重大部署贯彻落实。

第四十七条 【采取有效措施】各部门、各地区应当采取有效措施,贯彻实施国家安全战略。

第四十八条 【跨部门会商工作机制】国家根据维护国家安全工作需要,建立跨部门会商工作机制,就维护国家安全工作的重大事项进行会商研判,提出意见和建议。

第四十九条 【协同联动机制】国家建立中央与地方之间、部门之间、军地之间以及地区之间关于国家安全的协同联动机制。

第五十条 【决策咨询机制】国家建立国家安全决策咨询机制,组织专家和有关方面开展对国家安全形势的分析研判,推进国家安全的科学决策。

第二节　情报信息

第五十一条　【情报信息工作协调机制】国家健全统一归口、反应灵敏、准确高效、运转顺畅的情报信息收集、研判和使用制度，建立情报信息工作协调机制，实现情报信息的及时收集、准确研判、有效使用和共享。

第五十二条　【职责分工、及时上报机制】国家安全机关、公安机关、有关军事机关根据职责分工，依法搜集涉及国家安全的情报信息。

国家机关各部门在履行职责过程中，对于获取的涉及国家安全的有关信息应当及时上报。

第五十三条　【运用现代科技手段】开展情报信息工作，应当充分运用现代科学技术手段，加强对情报信息的鉴别、筛选、综合和研判分析。

第五十四条　【情报信息报送】情报信息的报送应当及时、准确、客观，不得迟报、漏报、瞒报和谎报。

第三节　风险预防、评估和预警

第五十五条　【国家安全风险预案】国家制定完善应对各领域国家安全风险预案。

第五十六条　【风险评估机制】国家建立国家安全风险评估机制，定期开展各领域国家安全风险调查评估。

有关部门应当定期向中央国家安全领导机构提交国家安全风险评估报告。

第五十七条　【风险监测预警制度】国家健全国家安全风险监测预警制度，根据国家安全风险程度，及时发布相应风险预警。

第五十八条　【报告制度】对可能即将发生或者已经发生的危害国家安全的事件，县级以上地方人民政府及其有关主管部门应当立即按照规定向上一级人民政府及其有关主管部门报告，必要时可以越级上报。

第四节　审查监管

第五十九条　【审查监管制度】国家建立国家安全审查和监管的制度和机制，对影响或者可能影响国家安全的外商投资、特定物项和关键技术、网络信息技术产品和服务、涉及国家安全事项的建设项目，以及其他重大事项和活动，进行国家安全审查，有效预防和化解国家安全风险。

第六十条　【依法审查及监督】中央国家机关各部门依照法律、行政法规行使国家安全审查职责，依法作出国家安全审查决定或者提出安全审查意见并监督执行。

第六十一条　【省、自治区、直辖市审查监管】省、自治区、直辖市依法负责本行政区域内有关国家安全审查和监管工作。

第五节　危机管控

第六十二条　【国家安全危机管控制度】国家建立统一领导、协同联动、有序高效的国家安全危机管控制度。

第六十三条　【应急预案】发生危及国家安全的重大事件，中央有关部门和有关地方根据中央国家安全领导机构的统一部署，依法启动应急预案，采取管控处置措施。

第六十四条　【特别重大事件依法采取措施】发生危及国家安全的特别重大事件，需要进入紧急状态、战争状态或者进行全国总动员、局部动员的，由全国人民代表大会、全国人民代表大会常务委员会或者国务院依照宪法和有关法律规定的权限和程序决定。

第六十五条　【特别措施】国家决定进入紧急状态、战争状态或者实施国防动员后，履行国家安全危机管控职责的有关机关依照法律规定或者全国人民代表大会常务委员会规定，有权采取限制公民和组织权利、增加公民和组织义务的特别措施。

第六十六条　【措施选择】履行国家安全危机管控职责的有关机关依法采取处置国家安全危机的管控措施，应当与国家安全危机可能造成的危害的性质、程度和范围相适应；有多种措施可供选择的，应当选择有利于最大程度保护公民、组织权益的措施。

第六十七条　【信息报告和发布机制】国家健全国家安全危机的信息报告和发布机制。

国家安全危机事件发生后，履行国家安全危机管控职责的有关机关，应当按照规定准确、及时报告，并依法将有关国家安全危机事件发生、发展、管控处置及善后情况统一向社会发布。

第六十八条　【解除措施】国家安全威胁和危害得到控制或者消除后，应当及时解除管控处置措施，做好善后工作。

第五章　国家安全保障

第六十九条　【国家安全保障体系】国家健全国家安全保障体系，增强维护国家安全的能力。

第七十条　【国家安全法律体系】国家健全国家安全法律制度体系，推动国家安全法治建设。

第七十一条　【经费和装备】国家加大对国家安全各项建设的投入，保障国家安全工作所需经费和装备。

第七十二条　【战略物资储备】承担国家安全战略物资储备任务的单位，应当按照国家有关规定和标准对国家安全物资进行收储、保管和维护，定期调整更换，保证储备物资的使用效能和安全。

第七十三条　【鼓励科技创新】鼓励国家安全领域科技创新，发挥科技在维护国家安全中的作用。

第七十四条　【工作人员制度】国家采取必要措施，招录、培养和管理国家安全工作专门人才和特殊人才。

根据维护国家安全工作的需要，国家依法保护有关机关专门从事国家安全工作人员的身份和合法权益,加大人身保护和安置保障力度。

第七十五条 【支持配合】国家安全机关、公安机关、有关军事机关开展国家安全专门工作,可以依法采取必要手段和方式,有关部门和地方应当在职责范围内提供支持和配合。

第七十六条 【宣传教育】国家加强国家安全新闻宣传和舆论引导,通过多种形式开展国家安全宣传教育活动,将国家安全教育纳入国民教育体系和公务员教育培训体系,增强全民国家安全意识。

第六章 公民、组织的义务和权利

第七十七条 【履行义务】公民和组织应当履行下列维护国家安全的义务:

(一)遵守宪法、法律法规关于国家安全的有关规定;

(二)及时报告危害国家安全活动的线索;

(三)如实提供所知悉的涉及危害国家安全活动的证据;

(四)为国家安全工作提供便利条件或者其他协助;

(五)向国家安全机关、公安机关和有关军事机关提供必要的支持和协助;

(六)保守所知悉的国家秘密;

(七)法律、行政法规规定的其他义务。

任何个人和组织不得有危害国家安全的行为,不得向危害国家安全的个人或者组织提供任何资助或者协助。

第七十八条 【安全教育】机关、人民团体、企业事业组织和其他社会组织应当对本单位的人员进行维护国家安全的教育,动员、组织本单位的人员防范、制止危害国家安全的行为。

第七十九条 【配合义务】企业事业组织根据国家安全工作的要求,应当配合有关部门采取相关安全措施。

第八十条 【法律保护】公民和组织支持、协助国家安全工作的行为受法律保护。

因支持、协助国家安全工作，本人或者其近亲属的人身安全面临危险的，可以向公安机关、国家安全机关请求予以保护。公安机关、国家安全机关应当会同有关部门依法采取保护措施。

第八十一条　【抚恤优待】公民和组织因支持、协助国家安全工作导致财产损失的，按照国家有关规定给予补偿；造成人身伤害或者死亡的，按照国家有关规定给予抚恤优待。

第八十二条　【申诉、控告、检举权利】公民和组织对国家安全工作有向国家机关提出批评建议的权利，对国家机关及其工作人员在国家安全工作中的违法失职行为有提出申诉、控告和检举的权利。

第八十三条　【特别措施】在国家安全工作中，需要采取限制公民权利和自由的特别措施时，应当依法进行，并以维护国家安全的实际需要为限度。

第七章　附　　则

第八十四条　【施行日期】本法自公布之日起施行。

中华人民共和国国家情报法

（2017 年 6 月 27 日第十二届全国人民代表大会常务委员会第二十八次会议通过　根据 2018 年 4 月 27 日第十三届全国人民代表大会常务委员会第二次会议《关于修改〈中华人民共和国国境卫生检疫法〉等六部法律的决定》修正）

目　　录

第一章　总　　则

第一条　【立法目的】为了加强和保障国家情报工作,维护国家安全和利益,根据宪法,制定本法。

第二条　【国家情报工作意义】国家情报工作坚持总体国家安全观,为国家重大决策提供情报参考,为防范和化解危害国家安全的风险提供情报支持,维护国家政权、主权、统一和领土完整、人民福祉、经济社会可持续发展和国家其他重大利益。

第三条　【国家情报体制】国家建立健全集中统一、分工协作、科学高效的国家情报体制。

中央国家安全领导机构对国家情报工作实行统一领导,制定国家情报工作方针政策,规划国家情报工作整体发展,建立健全国家情报工作协调机制,统筹协调各领域国家情报工作,研究决定国家情报工作中的重大事项。

中央军事委员会统一领导和组织军队情报工作。

第四条　【工作原则】国家情报工作坚持公开工作与秘密工作相结合、专门工作与群众路线相结合、分工负责与协作配合相结合的原则。

第五条　【分工配合】国家安全机关和公安机关情报机构、军队情报机构(以下统称国家情报工作机构)按照职责分工,相互配合,做好情报工作、开展情报行动。

各有关国家机关应当根据各自职能和任务分工,与国家情报工作机构密切配合。

第六条　【国家情报工作机构及其工作人员的职责】国家情报工

作机构及其工作人员应当忠于国家和人民，遵守宪法和法律，忠于职守，纪律严明，清正廉洁，无私奉献，坚决维护国家安全和利益。

第七条　【配合义务】任何组织和公民都应当依法支持、协助和配合国家情报工作，保守所知悉的国家情报工作秘密。

国家对支持、协助和配合国家情报工作的个人和组织给予保护。

第八条　【尊重和保障人权】国家情报工作应当依法进行，尊重和保障人权，维护个人和组织的合法权益。

第九条　【表彰和奖励】国家对在国家情报工作中作出重大贡献的个人和组织给予表彰和奖励。

第二章　国家情报工作机构职权

第十条　【根据需要在境内外开展情报工作】国家情报工作机构根据工作需要，依法使用必要的方式、手段和渠道，在境内外开展情报工作。

第十一条　【依法搜集和处理相关情报】国家情报工作机构应当依法搜集和处理境外机构、组织、个人实施或者指使、资助他人实施的，或者境内外机构、组织、个人相勾结实施的危害中华人民共和国国家安全和利益行为的相关情报，为防范、制止和惩治上述行为提供情报依据或者参考。

第十二条　【委托个人和组织开展相关工作】国家情报工作机构可以按照国家有关规定，与有关个人和组织建立合作关系，委托开展相关工作。

第十三条　【对外交流与合作】国家情报工作机构可以按照国家有关规定，开展对外交流与合作。

第十四条　【有权要求协助配合】国家情报工作机构依法开展情报工作，可以要求有关机关、组织和公民提供必要的支持、协助和配合。

第十五条　【技术侦察措施和身份保护措施】国家情报工作机构

根据工作需要，按照国家有关规定，经过严格的批准手续，可以采取技术侦察措施和身份保护措施。

第十六条 【进入限制区域执行任务】国家情报工作机构工作人员依法执行任务时，按照国家有关规定，经过批准，出示相应证件，可以进入限制进入的有关区域、场所，可以向有关机关、组织和个人了解、询问有关情况，可以查阅或者调取有关的档案、资料、物品。

第十七条 【通行便利与优先使用征用】国家情报工作机构工作人员因执行紧急任务需要，经出示相应证件，可以享受通行便利。

国家情报工作机构工作人员根据工作需要，按照国家有关规定，可以优先使用或者依法征用有关机关、组织和个人的交通工具、通信工具、场地和建筑物，必要时，可以设置相关工作场所和设备、设施，任务完成后应当及时归还或者恢复原状，并依照规定支付相应费用；造成损失的，应当补偿。

第十八条 【免检便利】国家情报工作机构根据工作需要，按照国家有关规定，可以提请海关、出入境边防检查等机关提供免检等便利。

第十九条 【权利限制】国家情报工作机构及其工作人员应当严格依法办事，不得超越职权、滥用职权，不得侵犯公民和组织的合法权益，不得利用职务便利为自己或者他人谋取私利，不得泄露国家秘密、商业秘密和个人信息。

第三章 国家情报工作保障

第二十条 【法律保护】国家情报工作机构及其工作人员依法开展情报工作，受法律保护。

第二十一条 【特殊保障及管理制度】国家加强国家情报工作机构建设，对其机构设置、人员、编制、经费、资产实行特殊管理，给予特殊保障。

国家建立适应情报工作需要的人员录用、选调、考核、培训、待遇、退出等管理制度。

第二十二条　【提高工作能力】国家情报工作机构应当适应情报工作需要，提高开展情报工作的能力。

国家情报工作机构应当运用科学技术手段，提高对情报信息的鉴别、筛选、综合和研判分析水平。

第二十三条　【保护人身安全】国家情报工作机构工作人员因执行任务，或者与国家情报工作机构建立合作关系的人员因协助国家情报工作，其本人或者近亲属人身安全受到威胁时，国家有关部门应当采取必要措施，予以保护、营救。

第二十四条　【妥善安置】对为国家情报工作作出贡献并需要安置的人员，国家给予妥善安置。

公安、民政、财政、卫生、教育、人力资源社会保障、退役军人事务、医疗保障等有关部门以及国有企业事业单位应当协助国家情报工作机构做好安置工作。

第二十五条　【抚恤优待】对因开展国家情报工作或者支持、协助和配合国家情报工作导致伤残或者牺牲、死亡的人员，按照国家有关规定给予相应的抚恤优待。

个人和组织因支持、协助和配合国家情报工作导致财产损失的，按照国家有关规定给予补偿。

第二十六条　【监督和安全审查制度】国家情报工作机构应当建立健全严格的监督和安全审查制度，对其工作人员遵守法律和纪律等情况进行监督，并依法采取必要措施，定期或者不定期进行安全审查。

第二十七条　【检举、控告】任何个人和组织对国家情报工作机构及其工作人员超越职权、滥用职权和其他违法违纪行为，有权检举、控告。受理检举、控告的有关机关应当及时查处，并将查处结果告知检举人、控告人。

对依法检举、控告国家情报工作机构及其工作人员的个人和组织，任何个人和组织不得压制和打击报复。

国家情报工作机构应当为个人和组织检举、控告、反映情况提供便利渠道，并为检举人、控告人保密。

第四章　法律责任

第二十八条　【阻碍国家情报工作机构及其工作人员工作的法律责任】违反本法规定，阻碍国家情报工作机构及其工作人员依法开展情报工作的，由国家情报工作机构建议相关单位给予处分或者由国家安全机关、公安机关处警告或者十五日以下拘留；构成犯罪的，依法追究刑事责任。

第二十九条　【泄露与国家情报工作有关的国家秘密的法律责任】泄露与国家情报工作有关的国家秘密的，由国家情报工作机构建议相关单位给予处分或者由国家安全机关、公安机关处警告或者十五日以下拘留；构成犯罪的，依法追究刑事责任。

第三十条　【冒充国家情报相关工作人员违法行为的法律责任】冒充国家情报工作机构工作人员或者其他相关人员实施招摇撞骗、诈骗、敲诈勒索等行为的，依照《中华人民共和国治安管理处罚法》的规定处罚；构成犯罪的，依法追究刑事责任。

第三十一条　【国家情报工作机构及其工作人员的法律责任】国家情报工作机构及其工作人员有超越职权、滥用职权，侵犯公民和组织的合法权益，利用职务便利为自己或者他人谋取私利，泄露国家秘密、商业秘密和个人信息等违法违纪行为的，依法给予处分；构成犯罪的，依法追究刑事责任。

第五章　附　　则

第三十二条　【施行日期】本法自 2017 年 6 月 28 日起施行。

涉密信息系统集成资质管理办法

（2020 年 11 月 13 日国家保密局局务会议通过　2020 年 12 月 10 日国家保密局令 2020 年第 1 号公布　自 2021 年 3 月 1 日起施行）

第一章　总　　则

第一条　为了加强涉密信息系统集成资质管理，确保国家秘密安全，根据《中华人民共和国保守国家秘密法》、《中华人民共和国行政许可法》、《中华人民共和国行政处罚法》、《中华人民共和国保守国家秘密法实施条例》等有关法律法规，制定本办法。

第二条　本办法所称涉密信息系统集成（以下简称涉密集成），是指涉密信息系统的规划、设计、建设、监理和运行维护等活动。

涉密集成资质是指保密行政管理部门许可企业事业单位从事涉密信息系统集成业务的法定资格。

第三条　涉密集成资质的申请、受理、审查、决定、使用和监督管理，适用本办法。

第四条　从事涉密集成业务的企业事业单位应当依照本办法，取得涉密集成资质。

国家机关和涉及国家秘密的单位（以下简称机关、单位）应当选择具有涉密集成资质的单位（以下简称资质单位）承接涉密集成业务。

第五条　涉密集成资质管理应当遵循依法管理、安全保密、科学发展、公平公正的原则。

第六条　国家保密行政管理部门主管全国涉密集成资质管理工

作，省级保密行政管理部门主管本行政区域内涉密集成资质管理工作。

省级以上保密行政管理部门根据工作需要，可以委托下一级保密行政管理部门开展审查工作，或者组织机构协助开展工作。

第七条 省级以上保密行政管理部门应当指定专门机构承担保密资质管理日常工作。

第八条 省级以上保密行政管理部门建立保密资质审查专家库，组织开展入库审查、培训考核等工作。

第九条 实施涉密集成资质许可不收取任何费用，所需经费纳入同级财政预算。

第二章 等级与条件

第十条 涉密集成资质分为甲级和乙级两个等级。

甲级资质单位可以从事绝密级、机密级和秘密级涉密集成业务；乙级资质单位可以从事机密级、秘密级涉密集成业务。

第十一条 涉密集成资质包括总体集成、系统咨询、软件开发、安防监控、屏蔽室建设、运行维护、数据恢复、工程监理，以及国家保密行政管理部门许可的其他涉密集成业务。取得总体集成业务种类许可的，除从事系统集成业务外，还可从事软件开发、安防监控和所承建系统的运行维护业务。

资质单位应当在保密行政管理部门许可的业务种类范围内承接涉密集成业务。承接涉密系统咨询、工程监理业务的，不得承接所咨询、监理业务的其他涉密集成业务。

第十二条 申请单位应当具备以下基本条件：

（一）在中华人民共和国境内依法成立三年以上的法人；

（二）无犯罪记录且近三年内未被吊销保密资质（资格），法定代表人、主要负责人、实际控制人未被列入失信人员名单；

（三）法定代表人、主要负责人、实际控制人、董（监）事会人员、高级管理人员以及从事涉密集成业务人员具有中华人民共和国国籍，无境外永久居留权或者长期居留许可，与境外人员无婚姻关系，国家另有规定的除外；

（四）具有从事涉密集成业务的专业能力；

（五）法律、行政法规和国家保密行政管理部门规定的其他条件。

第十三条　申请单位应当具备以下保密条件：

（一）有专门机构或者人员负责保密工作；

（二）保密制度完善；

（三）从事涉密集成业务的人员经过保密教育培训，具备必要的保密知识和技能；

（四）用于涉密集成业务的场所、设施、设备符合国家保密规定和标准；

（五）有专门的保密工作经费；

（六）法律、行政法规和国家保密行政管理部门规定的其他保密条件。

第十四条　申请单位应当无外国投资者直接投资，且通过间接方式投资的外国投资者在申请单位中的出资比例最终不得超过20%；申请单位及其股东的实际控制人不得为外国投资者，外国投资者在申请单位母公司中的出资比例最终不得超过20%。

在新三板挂牌的企业申请资质以及资质有效期内的，还应当符合以下条件：

（一）参与挂牌交易的股份比例不高于总股本的30%；

（二）实际控制人在申请期间及资质有效期内保持控制地位不变。

第十五条　申请单位应当建立完善的内部管理和信息披露制度，未经国务院有关主管部门或者省级人民政府有关主管部门批准，外国投资者不得接触、知悉国家秘密信息。

第十六条　申请单位申请不同等级和业务种类的涉密集成资

质,应当符合涉密集成资质具体条件的要求。

第三章　申请、受理、审查与决定

第十七条　申请甲级资质的,应当向国家保密行政管理部门提出申请;申请乙级资质的,应当向注册地的省级保密行政管理部门提出申请。申请单位应当提交以下材料:

(一)《涉密信息系统集成资质申请书》(以下简称申请书);

(二)企业营业执照或者事业单位法人证书;

(三)在登记机关备案的章程;

(四)法定代表人、主要负责人、实际控制人、董(监)事会人员、高级管理人员以及从事涉密集成业务的其他人员情况;

(五)资本结构和股权情况;

(六)生产经营和办公场所产权证书或者租赁合同;

(七)近三年集成业务合同清单;

(八)涉密集成业务场所和保密设施、设备情况;

(九)基本管理制度、保密制度以及保密体系运行情况。

申请书及相关材料不得涉及国家秘密,申请单位应当对申请材料的真实性和完整性负责。

第十八条　保密行政管理部门收到申请材料后,应当在五日内完成审查。申请材料齐全且符合法定形式的,应当受理并发出受理通知书;申请材料不齐全或者不符合法定形式的,应当一次告知申请单位十五日内补正材料;逾期未告知申请单位补正的,自收到申请材料之日起即为受理。申请单位十五日内不予补正的,视为放弃本次行政许可申请。

第十九条　资质审查分为书面审查、现场审查。确有需要的,可以组织专家开展评审。

第二十条　对作出受理决定的,保密行政管理部门应当对提交的申请材料进行书面审查。

第二十一条　对书面审查合格的单位，保密行政管理部门应当指派两名以上工作人员，并可以结合工作实际指派一名以上审查专家，依据涉密集成资质审查细则和评分标准，对保密制度、保密工作机构、保密监督管理、涉密人员管理、保密技术防护以及从事涉密集成业务的专业能力等情况进行现场审查。

涉密集成资质审查细则和评分标准由国家保密行政管理部门另行规定。

第二十二条　现场审查应当按照以下程序进行：

（一）提前五日以传真、电子邮件等形式书面通知申请单位现场审查时间；

（二）听取申请单位情况汇报和对有关事项的说明；

（三）审查有关材料；

（四）与主要负责人、保密工作负责人及有关人员谈话了解情况；

（五）组织涉密人员进行保密知识测试；

（六）对涉密场所、涉密设备等进行实地查看；

（七）汇总现场审查情况，形成现场审查报告；

（八）通报审查情况，申请单位法定代表人或者主要负责人在现场审查报告上签字确认。

第二十三条　申请单位具有下列情形之一的，保密行政管理部门应当终止审查：

（一）隐瞒有关情况或者提供虚假材料的；

（二）采取贿赂、请托等不正当手段，影响审查工作公平公正进行的；

（三）无正当理由拒绝按通知时间接受现场审查的；

（四）现场审查中发现不符合评分标准基本项的；

（五）其他违反保密法律法规的行为。

第二十四条　申请单位书面审查、现场审查合格的，保密行政管理部门应当准予行政许可。

申请单位具有下列情形之一的，保密行政管理部门应当作出不予行政许可的书面决定，说明理由并告知申请单位相关权利：

（一）书面审查不合格的；

（二）现场审查不合格的；

（三）终止审查的；

（四）法律、行政法规规定的不予行政许可的其他情形。

第二十五条 保密行政管理部门应当自受理申请之日起二十日内，对申请单位作出准予行政许可或者不予行政许可的决定。二十日内不能作出决定的，经本行政机关负责人批准，可以延长十日，并应当将延长期限的理由告知申请单位。

保密行政管理部门组织开展专家评审、鉴定所需时间不计入行政许可期限。

第二十六条 保密行政管理部门作出准予行政许可的决定的，自作出决定之日起十日内向申请单位颁发《涉密信息系统集成资质证书》（以下简称《资质证书》）。

第二十七条 《资质证书》有效期为五年，分为正本和副本，正本和副本具有同等法律效力。样式由国家保密行政管理部门统一制作，主要包括以下内容：

（一）单位名称；

（二）法定代表人；

（三）注册地址；

（四）证书编号；

（五）资质等级；

（六）业务种类；

（七）发证机关；

（八）有效期和发证日期。

第二十八条 《资质证书》有效期满，需要继续从事涉密集成业务的，应当在有效期届满三个月前向保密行政管理部门提出延续申请，保密行政管理部门应当按照本办法有关规定开展审查，申请单位未按规定期限提出延续申请的，视为重新申请。

有效期届满且未准予延续前，不得签订新的涉密集成业务合同。对于已经签订合同但未完成的涉密业务，在确保安全保密的条件下可以继续完成。

第二十九条　省级保密行政管理部门应当将许可的乙级资质单位报国家保密行政管理部门备案。

准予行政许可和注销、吊销、撤销以及暂停资质的决定，由作出决定的保密行政管理部门在一定范围内予以发布。

第四章　监督与管理

第三十条　省级以上保密行政管理部门应当加强对下一级保密行政管理部门以及协助开展审查工作的专门机构的监督检查，及时纠正资质管理中的违法违规行为。

第三十一条　保密行政管理部门应当开展“双随机”抽查、飞行检查等形式的保密检查，对资质单位从事涉密集成业务和保密管理情况进行监督。

第三十二条　机关、单位委托资质单位从事涉密集成业务，应当查验其《资质证书》，签订保密协议，提出保密要求，采取保密措施，加强涉密业务实施现场的监督检查。

第三十三条　资质单位与其他单位合作开展涉密集成业务的，合作单位应当具有相应的涉密集成资质且取得委托方书面同意。

资质单位不得将涉密集成业务分包或者转包给无相应涉密资质的单位。

第三十四条　资质单位承接涉密集成业务的，应当在签订合同后三十日内，向业务所在地省级保密行政管理部门备案，接受保密监督管理。

第三十五条　乙级资质单位拟在注册地的省级行政区域外承接

涉密集成业务的，应当向业务所在地的省级保密行政管理部门备案，接受保密监督管理。

第三十六条 资质单位实行年度自检制度，应当于每年3月31日前向作出准予行政许可决定的保密行政管理部门报送上一年度自检报告。

第三十七条 资质单位下列事项发生变更的，应当在变更前向保密行政管理部门书面报告：

（一）注册资本或者股权结构；

（二）控股股东或者实际控制人；

（三）单位性质或者隶属关系；

（四）用于涉密集成业务的场所。

保密行政管理部门应当对资质单位变更事项进行书面审查。通过审查的，资质单位应当按照审定事项实施变更，并在变更完成后十日内提交情况报告。

拟公开上市的，应当资质剥离后重新申请；对影响或者可能影响国家安全的外商投资，应当按照外商投资安全审查制度进行安全审查。

资质单位发生控股股东或者实际控制人、单位性质或者隶属关系、用于涉密集成业务的场所等事项变更的，保密行政管理部门应当组织现场审查。

第三十八条 资质单位下列事项发生变更的，应当在变更后十日内向保密行政管理部门书面报告：

（一）单位名称；

（二）注册地址或者经营地址；

（三）经营范围；

（四）法定代表人、董（监）事会人员或者高级管理人员。

资质单位变更完成需换发《资质证书》的，由保密行政管理部门审核后重新颁发。

第三十九条　保密行政管理部门在现场审查、保密检查过程中，发现申请单位或者资质单位存在涉嫌泄露国家秘密的案件线索，应当根据工作需要，按照泄密案件管辖权限，经保密行政管理部门负责人批准，由具备执法资格的人员对有关设施、设备、载体等采取登记保存措施，依法开展调查工作。

保密行政管理部门调查结束后，认定申请单位或者资质单位存在违反保密法律法规事实的，违法行为发生地的保密行政管理部门应当按照本办法作出处理，并将违法事实、处理结果抄告受理申请或者准予行政许可的保密行政管理部门。

第四十条　有下列情形之一的，作出准予行政许可决定的保密行政管理部门或者其上级保密行政管理部门，依据职权可以撤销行政许可：

（一）保密行政管理部门滥用职权、玩忽职守作出准予行政许可决定的；

（二）超越法定职权作出准予行政许可决定的；

（三）违反法定程序作出准予行政许可决定的；

（四）对不具备申请资格或者不符合法定条件的申请单位准予行政许可的；

（五）依法可以撤销行政许可的其他情形。

资质单位采取欺骗、贿赂等不正当手段取得资质的，保密行政管理部门应当撤销其资质，停止其涉密业务。自撤销之日起，三年内不得再次申请。

第四十一条　资质单位具有下列情形之一的，作出准予行政许可决定的保密行政管理部门应当注销其资质：

（一）《资质证书》有效期届满未延续的；

（二）法人资格依法终止的；

（三）主动申请注销资质的；

（四）行政许可依法被撤销、撤回，或者行政许可证件依法被吊销的；

（五）因不可抗力导致行政许可事项无法实施的；

（六）法律、行政法规规定的应当注销资质的其他情形。

第四十二条 申请单位或者资质单位对保密行政管理部门作出的决定不服的，可以依法申请行政复议或者提起行政诉讼。

第五章 法律责任

第四十三条 资质单位违反本办法的，依照本办法有关规定处理；构成犯罪的，依法追究刑事责任。

第四十四条 资质单位具有下列情形之一的，保密行政管理部门应当责令其在二十日内完成整改，逾期不改或者整改后仍不符合要求的，应当给予六个月以上十二个月以下暂停资质的处罚：

（一）未经委托方书面同意，擅自与其他涉密集成资质单位合作开展涉密集成业务的；

（二）超出行政许可的业务种类范围承接涉密集成业务的；

（三）发生需要报告的事项，未及时报告的；

（四）承接涉密集成业务，未按规定备案的；

（五）未按本办法提交年度自检报告的；

（六）不符合其他保密管理规定，存在泄密隐患的。

第四十五条 资质单位不再符合申请条件，或者具有下列情形之一的，保密行政管理部门应当吊销其资质，停止其涉密业务：

（一）涂改、出卖、出租、出借《资质证书》，或者以其他方式伪造、非法转让《资质证书》的；

（二）将涉密集成业务分包或者转包给无相应涉密资质单位的；

（三）发现国家秘密已经泄露或者可能泄露，未按法定时限报告的；

（四）拒绝接受保密检查的；

（五）资质暂停期间，承接新的涉密集成业务的；

（六）资质暂停期满，仍不符合保密管理规定的；

（七）发生泄密案件的；

（八）其他违反保密法律法规的行为。

第四十六条　申请单位隐瞒有关情况或者提供虚假材料的，保密行政管理部门应当作出不予受理或者不予行政许可的决定。自不予受理或者不予行政许可之日起，一年内不得再次申请。

第四十七条　未经保密行政管理部门许可的单位从事涉密集成业务的，由保密行政管理部门责令停止违法行为，非法获取、持有的国家秘密载体，应当予以收缴；有违法所得的，由市场监督管理部门没收违法所得；构成犯罪的，依法追究刑事责任。

第四十八条　机关、单位委托未经保密行政管理部门许可的单位从事涉密集成业务的，应当由有关机关、单位对直接负责的主管人员和其他直接责任人员依法给予处分；构成犯罪的，依法追究刑事责任。

第四十九条　保密行政管理部门及其工作人员未依法履行职责，或者滥用职权、玩忽职守、徇私舞弊的，对直接负责的主管人员和其他直接责任人员依法给予政务处分；构成犯罪的，依法追究刑事责任。

第六章　附　　则

第五十条　机关、单位自行开展涉密信息系统集成业务，可以由本机关、单位内部信息化工作机构承担，接受同级保密行政管理部门监督指导。

第五十一条　申请单位资本结构包含香港特别行政区、澳门特别行政区、台湾地区投资者以及定居在国外中国公民投资者的，参照本办法管理。国家另有规定的，从其规定。

第五十二条　本办法规定的实施行政许可的期限以工作日计算，不含法定节假日。

第五十三条 本办法由国家保密局负责解释。

第五十四条 本办法自2021年3月1日起施行。国家保密局发布的《涉密信息系统集成资质管理办法》(国保发〔2013〕7号,国保发〔2019〕13号修订)同时废止。

附件:涉密信息系统集成资质具体条件(略)

国家秘密载体印制资质管理办法

(2020年11月13日国家保密局局务会议通过,并经国家市场监督管理总局同意 2020年12月22日国家保密局、国家市场监督管理总局令2020年第2号公布 自2021年3月1日起施行)

第一章 总 则

第一条 为了加强国家秘密载体印制资质管理,确保国家秘密安全,根据《中华人民共和国保守国家秘密法》、《中华人民共和国行政许可法》、《中华人民共和国行政处罚法》、《中华人民共和国保守国家秘密法实施条例》等有关法律法规,制定本办法。

第二条 本办法所称国家秘密载体印制(以下简称涉密印制),是指以印刷、复制等方式制作国家秘密载体的行为。

涉密印制资质是指保密行政管理部门许可企业事业单位从事国家秘密载体印制业务的法定资格。

第三条 涉密印制资质的申请、受理、审查、决定、使用和监督管理,适用本办法。

第四条 从事涉密印制业务的企业事业单位应当依照本办法,取得涉密印制资质。

国家机关和涉及国家秘密的单位（以下简称机关、单位）应当选择具有涉密印制资质的单位（以下简称资质单位）承接涉密印制业务。

第五条 涉密印制资质管理应当遵循依法管理、安全保密、科学发展、公平公正的原则。

第六条 国家保密行政管理部门主管全国涉密印制资质管理工作，省级保密行政管理部门主管本行政区域内涉密印制资质管理工作。

省级以上保密行政管理部门根据工作需要，可以委托下一级保密行政管理部门开展审查工作，或者组织机构协助开展工作。

第七条 省级以上保密行政管理部门应当指定专门机构承担保密资质管理日常工作。

第八条 省级以上保密行政管理部门建立保密资质审查专家库，组织开展入库审查、培训考核等工作。

第九条 实施涉密印制资质许可不收取任何费用，所需经费纳入同级财政预算。

第二章 等级与条件

第十条 涉密印制资质分为甲级和乙级两个等级。

甲级资质单位可以从事绝密级、机密级、秘密级涉密印制业务；乙级资质单位可以从事机密级、秘密级涉密印制业务。

第十一条 涉密印制资质包括涉密文件资料、国家统一考试试卷、涉密防伪票据证书、涉密光电磁介质、涉密档案数字化加工，以及国家保密行政管理部门许可的其他涉密印制业务。

资质单位应当在保密行政管理部门许可的业务种类范围内承接涉密印制业务。

第十二条 申请单位应当具备以下基本条件：

（一）在中华人民共和国境内注册的法人，从事印制业务三年以

上,甲级资质申请单位还应当具备相应乙级资质三年以上;

(二)无犯罪记录且近三年内未被吊销保密资质(资格),法定代表人、主要负责人、实际控制人未被列入失信人员名单;

(三)法定代表人、主要负责人、实际控制人、董(监)事会人员、高级管理人员以及从事涉密印制业务人员具有中华人民共和国国籍,无境外永久居留权或者长期居留许可,与境外人员无婚姻关系,国家另有规定的除外;

(四)具有从事涉密印制业务的专业能力;

(五)法律、行政法规和国家保密行政管理部门规定的其他条件。

第十三条 申请单位应当具备以下保密条件:

(一)有专门机构或者人员负责保密工作;

(二)保密制度完善;

(三)从事涉密印制业务的人员经过保密教育培训,具备必要的保密知识和技能;

(四)用于涉密印制业务的场所、设施、设备符合国家保密规定和标准;

(五)有专门的保密工作经费;

(六)法律、行政法规和国家保密行政管理部门规定的其他保密条件。

第十四条 申请涉密文件资料、涉密光电磁介质、涉密档案数字化加工资质的单位不得有外国投资者投资。在新三板挂牌的企业申请资质以及资质有效期内的,还应当符合以下条件:

(一)参与挂牌交易的股份比例不高于总股本的30%;

(二)实际控制人在申请期间及资质有效期内保持控制地位不变。

第十五条 申请国家统一考试试卷、涉密防伪票据证书资质的单位不得由外国投资者控股。

第十六条 申请单位应当建立完善的内部管理和信息披露制

度,未经国务院有关主管部门或者省级人民政府有关主管部门批准,外国投资者不得接触、知悉国家秘密信息。

第十七条　申请单位申请不同等级和业务种类的涉密印制资质,应当符合涉密印制资质具体条件的要求。

第三章　申请、受理、审查与决定

第十八条　申请甲级资质的,应当向国家保密行政管理部门提出申请;申请乙级资质的,应当向注册地的省级保密行政管理部门提出申请。申请单位应当提交以下材料:

(一)《国家秘密载体印制资质申请书》(以下简称申请书);

(二)企业营业执照或者事业单位法人证书;

(三)在登记机关备案的章程;

(四)从事印刷、复制等经营活动的许可证明;

(五)法定代表人、主要负责人、实际控制人、董(监)事会人员、高级管理人员以及从事涉密印制业务的其他人员情况;

(六)资本结构和股权情况;

(七)上一年度企业年度报告;

(八)生产经营和办公场所的产权证书或者租赁合同;

(九)近三年印制业务合同清单;

(十)涉密印制业务设备、场所和保密设施、设备情况;

(十一)基本管理制度、保密制度以及保密体系运行情况。

申请书及相关材料不得涉及国家秘密,申请单位应当对申请材料的真实性和完整性负责。

第十九条　保密行政管理部门收到申请材料后,应当在五日内完成审查。申请材料齐全且符合法定形式的,应当受理并发出受理通知书;申请材料不齐全或者不符合法定形式的,应当一次告知申请单位十五日内补正材料;逾期未告知申请单位补正的,自收到申请材料之日起即为受理。申请单位十五日内不予补正的,视为放弃本次行政许可申请。

第二十条 资质审查分为书面审查、现场审查。确有需要的,可以组织专家开展评审。

第二十一条 对作出受理决定的,保密行政管理部门应当对提交的申请材料进行书面审查。

第二十二条 对书面审查合格的单位,保密行政管理部门应当指派两名以上工作人员,并可以结合工作实际指派一名以上审查专家,依据涉密印制资质审查细则和评分标准,对保密制度、保密工作机构、保密监督管理、涉密人员管理、保密技术防护以及从事涉密印制业务的专业能力等情况进行现场审查。

涉密印制资质审查细则和评分标准由国家保密行政管理部门另行规定。

第二十三条 现场审查应当按照以下程序进行:

(一)提前五日以传真、电子邮件等形式书面通知申请单位现场审查时间;

(二)听取申请单位情况汇报和对有关事项的说明;

(三)审查有关材料;

(四)与主要负责人、保密工作负责人及有关人员谈话了解情况;

(五)组织涉密人员进行保密知识测试;

(六)对涉密场所、涉密设备等进行实地查看;

(七)汇总现场审查情况,形成现场审查报告;

(八)通报审查情况,申请单位法定代表人或者主要负责人在现场审查报告上签字确认。

第二十四条 申请单位具有下列情形之一的,保密行政管理部门应当终止审查:

(一)隐瞒有关情况或者提供虚假材料的;

(二)采取贿赂、请托等不正当手段,影响审查工作公平公正进行的;

（三）无正当理由拒绝按通知时间接受现场审查的；

（四）现场审查中发现不符合评分标准基本项的；

（五）其他违反保密法律法规的行为。

第二十五条　申请单位书面审查、现场审查合格的，保密行政管理部门应当准予行政许可。

申请单位具有下列情形之一的，保密行政管理部门应当作出不予行政许可的书面决定，说明理由并告知申请单位相关权利。

（一）书面审查不合格的；

（二）现场审查不合格的；

（三）终止审查的；

（四）法律、行政法规规定的不予行政许可的其他情形。

第二十六条　保密行政管理部门应当自受理申请之日起二十日内，对申请单位作出准予行政许可或者不予行政许可的决定。二十日内不能作出决定的，经本行政机关负责人批准，可以延长十日，并应当将延长期限的理由告知申请单位。

保密行政管理部门组织开展专家评审、鉴定所需时间不计入行政许可期限。

第二十七条　保密行政管理部门作出准予行政许可的决定的，自作出决定之日起十日内向申请单位颁发《国家秘密载体印制资质证书》（以下简称《资质证书》）。

第二十八条　《资质证书》有效期为五年，分为正本和副本，正本和副本具有同等法律效力。样式由国家保密行政管理部门统一制作，主要包括以下内容：

（一）单位名称；

（二）法定代表人；

（三）注册地址；

（四）证书编号；

（五）资质等级；

（六）业务种类；

（七）发证机关；

（八）有效期和发证日期。

第二十九条 《资质证书》有效期满，需要继续从事涉密印制业务的，应当在有效期届满三个月前向保密行政管理部门提出延续申请，保密行政管理部门应当按照本办法有关规定开展审查，申请单位未按规定期限提出延续申请的，视为重新申请。

有效期届满且未准予延续前，不得签订新的涉密印制业务合同。对于已经签订合同但未完成的涉密业务，在确保安全保密的条件下可以继续完成。

第三十条 省级保密行政管理部门应当将许可的乙级资质单位报国家保密行政管理部门备案。

准予行政许可和注销、吊销、撤销以及暂停资质的决定，由作出决定的保密行政管理部门在一定范围内予以发布。

第四章 监督与管理

第三十一条 省级以上保密行政管理部门应当加强对下一级保密行政管理部门以及协助开展审查工作的专门机构的监督检查，及时纠正资质管理中的违法违规行为。

第三十二条 保密行政管理部门应当开展“双随机”抽查、飞行检查等形式的保密检查，对资质单位从事涉密印制业务和保密管理情况进行监督。

第三十三条 机关、单位委托资质单位印制国家秘密载体，应当查验其《资质证书》，出具委托证明，签订保密协议，提出保密要求，督促落实保密措施。

资质单位应当查验、收取委托方的委托证明，并进行登记。没有委托证明的，资质单位不得承接。

第三十四条 资质单位与其他单位合作开展涉密印制业务的，

合作单位应当具有相应的涉密印制资质且取得委托方书面同意。

资质单位不得将涉密印制业务分包或者转包给无相应涉密资质的单位。

第三十五条　乙级资质单位拟在注册地的省级行政区域外承接涉密印制业务的，应当向业务所在地的省级保密行政管理部门备案，接受保密监督管理。

第三十六条　资质单位实行年度自检制度，应当于每年3月31日前向作出准予行政许可决定的保密行政管理部门报送上一年度自检报告。

第三十七条　资质单位下列事项发生变更的，应当在变更前向保密行政管理部门书面报告：

（一）注册资本或者股权结构；

（二）控股股东或者实际控制人；

（三）单位性质或者隶属关系；

（四）用于涉密印制业务的场所。

保密行政管理部门应当对资质单位变更事项进行书面审查。通过审查的，资质单位应当按照审定事项实施变更，并在变更完成后十日内提交情况报告。

对影响或者可能影响国家安全的外商投资，应当按照外商投资安全审查制度进行安全审查。

资质单位发生控股股东或者实际控制人、单位性质或者隶属关系、用于涉密印制业务的场所等事项变更的，保密行政管理部门应当组织现场审查。

第三十八条　资质单位下列事项发生变更的，应当在变更后十日内向保密行政管理部门书面报告：

（一）单位名称；

（二）注册地址或者经营地址；

（三）经营范围；

（四）法定代表人、董（监）事会人员或者高级管理人员。

资质单位变更完成需换发《资质证书》的，由保密行政管理部门审核后重新颁发。

第三十九条 保密行政管理部门在现场审查、保密检查过程中，发现申请单位或者资质单位存在涉嫌泄露国家秘密的案件线索，应当根据工作需要，按照泄密案件管辖权限，经保密行政管理部门负责人批准，由具备执法资格的人员对有关设施、设备、载体等采取登记保存措施，依法开展调查工作。

保密行政管理部门调查结束后，认定申请单位或者资质单位存在违反保密法律法规事实的，违法行为发生地的保密行政管理部门应当按照本办法作出处理，并将违法事实、处理结果抄告受理申请或者准予行政许可的保密行政管理部门。

第四十条 有下列情形之一的，作出准予行政许可决定的保密行政管理部门或者其上级保密行政管理部门，依据职权可以撤销行政许可：

（一）保密行政管理部门滥用职权、玩忽职守作出准予行政许可决定的；

（二）超越法定职权作出准予行政许可决定的；

（三）违反法定程序作出准予行政许可决定的；

（四）对不具备申请资格或者不符合法定条件的申请单位准予行政许可的；

（五）依法可以撤销行政许可的其他情形。

资质单位采取欺骗、贿赂等不正当手段取得资质的，保密行政管理部门应当撤销其资质，停止其涉密业务。自撤销之日起，三年内不得再次申请。

第四十一条 资质单位具有下列情形之一的，作出准予行政许可决定的保密行政管理部门应当注销其资质：

（一）《资质证书》有效期届满未延续的；

（二）法人资格依法终止的；

（三）主动申请注销资质的；

（四）行政许可依法被撤销、撤回，或者行政许可证件依法被吊销的；

（五）因不可抗力导致行政许可事项无法实施的；

（六）法律、行政法规规定的应当注销资质的其他情形。

第四十二条 申请单位或者资质单位对保密行政管理部门作出的决定不服的，可以依法申请行政复议或者提起行政诉讼。

第五章 法 律 责 任

第四十三条 资质单位违反本办法的，依照本办法有关规定处理；构成犯罪的，依法追究刑事责任。

第四十四条 资质单位具有下列情形之一的，保密行政管理部门应当责令其在二十日内完成整改，逾期不改或者整改后仍不符合要求的，给予六个月以上十二个月以下暂停资质的处罚：

（一）未经委托方书面同意，擅自与其他涉密印制资质单位合作开展涉密印制业务的；

（二）超出行政许可的业务种类范围承接涉密印制业务的；

（三）发生需要报告的事项，未及时报告的；

（四）未按本办法提交年度自检报告的；

（五）不符合其他保密管理规定，存在泄密隐患的。

第四十五条 资质单位不再符合申请条件，或者具有下列情形之一的，保密行政管理部门应当吊销其资质，停止其涉密业务：

（一）涂改、出卖、出租、出借《资质证书》，或者以其他方式伪造、非法转让《资质证书》的；

（二）将涉密印制业务分包或者转包给无相应涉密资质单位的；

（三）发现国家秘密已经泄露或者可能泄露，未按法定时限报告的；

（四）拒绝接受保密检查的；

（五）资质暂停期间，承接新的涉密印制业务的；

（六）资质暂停期满，仍不符合保密管理规定的；

（七）发生泄密案件的；

（八）其他违反保密法律法规的行为。

第四十六条 申请单位隐瞒有关情况或者提供虚假材料的，保密行政管理部门应当作出不予受理或者不予行政许可的决定。自不予受理或者不予许可之日起，一年内不得再次申请。

第四十七条 未经保密行政管理部门许可的单位从事涉密印制业务的，由保密行政管理部门责令停止违法行为，非法获取、持有的国家秘密载体，应当予以收缴；有违法所得的，由市场监督管理部门没收违法所得；构成犯罪的，依法追究刑事责任。

第四十八条 机关、单位委托未经保密行政管理部门许可的单位从事涉密印制业务的，应当由有关机关、单位对直接负责的主管人员和其他直接责任人员依法给予处分；构成犯罪的，依法追究刑事责任。

第四十九条 保密行政管理部门及其工作人员未依法履行职责，或者滥用职权、玩忽职守、徇私舞弊的，对直接负责的主管人员和其他直接责任人员依法给予政务处分；构成犯罪的，依法追究刑事责任。

第六章 附 则

第五十条 机关、单位内部非经营性印刷厂、文印中心（室），承担本机关、单位涉密印制业务的，可不申请涉密印制资质，由本机关、单位按照保密要害部门部位进行管理，接受同级保密行政管理部门监督指导。

第五十一条 申请单位资本结构包含香港特别行政区、澳门特别行政区、台湾地区投资者以及定居在国外中国公民投资者的，参照本办法管理。国家另有规定的,从其规定。

第五十二条　本办法规定的实施行政许可的期限以工作日计算,不含法定节假日。

第五十三条　本办法由国家保密局负责解释。

第五十四条　本办法自 2021 年 3 月 1 日起施行。国家保密局、国家工商行政管理总局、国家新闻出版总署发布的《国家秘密载体印制资质管理办法》(国保发〔2012〕7 号,国保发〔2019〕13 号修订)同时废止。

附件:国家秘密载体印制资质具体条件

附件

国家秘密载体印制资质具体条件

一、涉密文件资料

(一)甲级资质

1. 取得《印刷经营许可证》。

2. 上一个会计年度净资产不少于 5000 万元人民币。

3. 在本单位依法缴纳社保一年以上的人员不少于 50 名。

4. 具有自有产权或者租赁期 3 年(含)以上的固定生产经营场所,建筑面积不少于 1000 平方米。

5. 具备独立的保密室和涉密印制业务所必需的印制车间、成品库、废品库等功能场所,实行封闭式管理,周边环境安全可控。

(二)乙级资质

1. 取得《印刷经营许可证》。

2. 上一个会计年度净资产不少于 500 万元人民币。

3. 在本单位依法缴纳社保一年以上的人员不少于 20 名。

4. 具有自有产权或者租赁期 3 年(含)以上的固定生产经营场

所,建筑面积不少于200平方米。

5. 具备独立的保密室和涉密印制业务所必需的印制车间、成品库、废品库等功能场所,实行封闭式管理,周边环境安全可控。

二、国家统一考试试卷

(一)甲级资质

1. 取得《印刷经营许可证》。

2. 上一个会计年度净资产不少于5000万元人民币。

3. 在本单位依法缴纳社保一年以上的人员不少于40名。

4. 具有自有产权或者租赁期3年(含)以上的固定生产经营场所,建筑面积不少于5000平方米。

5. 具备独立的保密室和具有符合入闱管理条件的试卷印制车间、成品库、废品库等功能场所,实行封闭管理,周边环境安全可控。

(二)乙级资质

1. 取得《印刷经营许可证》。

2. 上一个会计年度净资产不少于1000万元人民币。

3. 在本单位依法缴纳社保一年以上的人员不少于20名。

4. 具有自有产权或者租赁期3年(含)以上的固定生产经营场所,建筑面积不少于1000平方米。

5. 具备独立的保密室和具有符合入闱管理条件的试卷印制车间、成品库、废品库等功能场所,实行封闭管理,周边环境安全可控。

三、涉密防伪票据证书

(一)甲级资质

1. 取得《印刷经营许可证》。

2. 上一个会计年度净资产不少于1亿元人民币。

3. 在本单位依法缴纳社保一年以上的人员不少于60名。

4. 具有自有产权或者租赁期3年(含)以上的固定生产经营场

所，建筑面积不少于 3000 平方米。

5. 具备独立的保密室和具有涉密防伪票据证书印制业务所必需的制版车间、涉密防伪材料库等功能场所，实行封闭管理，周边环境安全可控。

（二）乙级资质

1. 取得《印刷经营许可证》。

2. 上一个会计年度净资产不少于 1000 万元人民币。

3. 在本单位依法缴纳社保一年以上的人员不少于 30 名。

4. 具有自有产权或者租赁期 3 年（含）以上的固定生产经营场所，建筑面积不少于 1000 平方米。

5. 具备独立的保密室和具有涉密防伪票据证书印制业务所必需的制版车间、涉密防伪材料库等功能场所，实行封闭管理，周边环境安全可控。

四、涉密光电磁介质

（一）甲级资质

1. 取得《复制经营许可证》。

2. 上一个会计年度净资产不少于 1000 万元人民币。

3. 在本单位依法缴纳社保一年以上的人员不少于 30 名。

4. 具有自有产权或者租赁期 3 年（含）以上的固定生产经营场所，建筑面积不少于 1000 平方米。

5. 具备独立的保密室和具有涉密光电磁介质复制业务所必需的印制车间、成品库、废品库等功能场所，实行封闭式管理，周边环境安全可控。

6. 具有功能完备的光电磁介质生产设备。

（二）乙级资质

1. 取得《复制经营许可证》。

2. 上一个会计年度净资产不少于 200 万元人民币。

3. 在本单位依法缴纳社保一年以上的人员不少于 15 名。

4. 具有自有产权或者租赁期 3 年(含)以上的固定生产经营场所,建筑面积不少于 200 平方米。

5. 具备独立的保密室和具有涉密光电磁介质复制业务所必需的印制车间、成品库、废品库等功能场所,实行封闭式管理,周边环境安全可控。

6. 具有功能完备的光电磁介质生产设备。

五、涉密档案数字化加工

(一)甲级资质

1. 上一个会计年度净资产不少于 1000 万元人民币。

2. 在本单位依法缴纳社保一年以上的人员不少于 50 名。

3. 具有自有产权或者租赁期 3 年(含)以上的固定生产经营场所,建筑面积不少于 300 平方米。

4. 具备独立的保密室和具有用于涉密档案数字化加工业务场所,实行封闭式管理,周边环境安全可控。

5. 具有功能完备的档案数字化加工设备。

(二)乙级资质

1. 上一个会计年度净资产不少于 200 万元人民币。

2. 在本单位依法缴纳社保一年以上的人员不少于 20 名。

3. 具有自有产权或者租赁期 3 年(含)以上的固定生产经营场所,建筑面积不少于 200 平方米。

4. 具备独立的保密室和具有用于涉密档案数字化加工业务场所,实行封闭式管理,周边环境安全可控。

5. 具有功能完备的档案数字化加工设备。

国家秘密鉴定工作规定

（2021 年 7 月 13 日国家保密局局务会会议通过　2021 年 7 月 30 日国家保密局令 2021 年第 1 号公布　自 2021 年 9 月 1 日起施行）

第一章　总　　则

第一条　为了规范国家秘密鉴定工作，根据《中华人民共和国保守国家秘密法》及其实施条例，制定本规定。

第二条　本规定所称国家秘密鉴定，是指保密行政管理部门对涉嫌泄露国家秘密案件中有关事项是否属于国家秘密以及属于何种密级进行鉴别和认定的活动。

第三条　国家秘密鉴定的申请、受理、办理、复核、监督等，适用本规定。

第四条　国家秘密鉴定应当遵循依法、客观、公正的原则，做到事实清楚、依据充分、程序规范、结论准确。

第五条　办理涉嫌泄露国家秘密案件的纪检监察、侦查、公诉、审判机关（以下统称办案机关）可以申请国家秘密鉴定。

国家保密行政管理部门、省（自治区、直辖市）保密行政管理部门负责国家秘密鉴定。

第六条　国家秘密鉴定应当以保密法律法规、保密事项范围和国家秘密确定、变更、解除文件为依据。

第七条　下列事项不得鉴定为国家秘密：

（一）需要公众广泛知晓或者参与的；

（二）属于工作秘密、商业秘密、个人隐私的；

（三）已经依法公开或者泄露前已经无法控制知悉范围的；

（四）法律、法规或者国家有关规定要求公开的；

（五）其他泄露后对国家安全和利益不会造成损害的。

第二章　申请和受理

第八条　中央一级办案机关申请国家秘密鉴定的，应当向国家保密行政管理部门提出。省级及以下办案机关申请国家秘密鉴定的，应当向所在地省（自治区、直辖市）保密行政管理部门提出。

国家保密行政管理部门可以根据工作需要，对省（自治区、直辖市）保密行政管理部门负责鉴定的重大、疑难、复杂事项直接进行鉴定。

第九条　办案机关申请国家秘密鉴定，应当提交下列材料：

（一）申请国家秘密鉴定的公文；

（二）需要进行国家秘密鉴定的事项（以下简称鉴定事项）及鉴定事项清单；

（三）进行国家秘密鉴定需要掌握的有关情况说明，包括案件基本情况、鉴定事项来源、泄露对象和时间、回避建议等。

第十条　申请国家秘密鉴定的公文应当以办案机关名义作出，说明认为相关事项涉嫌属于国家秘密的理由或者依据。

鉴定事项属于咨询意见、聊天记录、讯（询）问笔录、视听资料、电子数据、物品等的，办案机关应当进行筛查和梳理，明确其中涉嫌属于国家秘密、需要申请鉴定的具体内容。

鉴定事项不属于中文的，办案机关应当同时提供中文译本。保密行政管理部门就办案机关提供的中文译本进行鉴定。

第十一条　国家秘密鉴定申请有下列情形之一的，保密行政管理部门不予受理：

（一）申请机关和申请方式不符合本规定第五条、第八条要求的；

（二）办案机关已就同一鉴定事项申请国家秘密鉴定的；

(三)鉴定事项内容明显属于捏造的,或者无法核实真伪、来源的;

(四)未按本规定第九条、第十条提供材料,或者修改、补充后仍不符合要求的;

(五)其他不符合法律、法规、规章规定的情形。

第十二条 保密行政管理部门应当自收到申请国家秘密鉴定的公文之日起5日内,对相关材料进行审查,作出是否受理的决定,并告知办案机关。

经审查认为办案机关提交的材料存在瑕疵、不完整或者不能满足鉴定需要的,应当通知办案机关予以修改或者补充。审查受理时间自相关材料修改完成或者补齐之日起计算。

经审查决定不予受理的,应当说明理由并退还相关材料。

第十三条 办案机关不服不予受理决定的,可以在接到通知之日起10日内,向作出不予受理决定的保密行政管理部门提出书面异议,并按照本规定第九条、第十条规定提供相关材料。

保密行政管理部门应当在10日内,对相关材料进行审查,对符合受理条件的,作出受理决定;对不应受理的,书面告知提出异议的机关并退还相关材料。

省级及以下办案机关提出异议后,对省(自治区、直辖市)保密行政管理部门再次作出的不予受理决定仍有异议的,可以向国家保密行政管理部门提出书面异议。国家保密行政管理部门经审查认为确实不应受理的,书面告知提出异议的机关并退还相关材料;对符合受理条件的,应当要求作出不予受理决定的保密行政管理部门受理鉴定申请。

第三章 鉴定程序

第十四条 受理鉴定申请后,保密行政管理部门应当就下列情况向鉴定事项产生单位征求鉴定意见:

（一）鉴定事项是否由其产生，内容是否真实；

（二）鉴定事项是否已经按照法定程序确定、变更、解除国家秘密，及其时间、理由和依据；

（三）鉴定事项是否应当属于国家秘密及何种密级，是否应当变更或者解除国家秘密，及其理由和依据。

第十五条 存在鉴定事项产生单位不明确，涉及多个机关、单位以及行业、领域，或者有关单位鉴定意见不明确、理由和依据不充分等情形的，保密行政管理部门可以向有关业务主管部门或者相关机关、单位征求鉴定意见。

鉴定事项属于执行、办理已经确定的国家秘密事项的，受理鉴定的保密行政管理部门可以根据工作需要，向原定密单位或者有关业务主管部门征求鉴定意见。

第十六条 国家保密行政管理部门受理鉴定后，对属于地方各级机关、单位产生的鉴定事项，可以征求鉴定事项产生地省（自治区、直辖市）保密行政管理部门鉴定意见。

省（自治区、直辖市）保密行政管理部门受理鉴定后，对属于中央和国家机关产生的鉴定事项，应当直接征求该中央和国家机关鉴定意见；对属于其他地方机关、单位产生的鉴定事项，应当征求相关省（自治区、直辖市）保密行政管理部门鉴定意见。

第十七条 保密行政管理部门征求机关、单位鉴定意见的，机关、单位应当予以配合，按照要求及时提出鉴定意见或者提供相关材料。

第十八条 鉴定事项重大、疑难、复杂或者专业性强、涉及专门技术等问题的，保密行政管理部门可以向相关领域专家进行咨询，为作出国家秘密鉴定结论提供参考。

第十九条 对拟鉴定为国家秘密的事项，保密行政管理部门可以根据工作需要，组织有关机关、单位或者专家对其泄露后已经或者可能造成的危害进行评估。

第二十条　国家秘密鉴定结论应当按照保密法律法规和保密事项范围等鉴定依据，在分析研判有关意见基础上，报保密行政管理部门负责人审批后作出。

第二十一条　省（自治区、直辖市）保密行政管理部门对中央和国家机关、其他省（自治区、直辖市）保密行政管理部门答复的鉴定意见有异议的，或者认为本地区产生的绝密级事项鉴定依据不明确、有争议的，报国家保密行政管理部门审核后，作出鉴定结论。

第二十二条　保密行政管理部门作出鉴定结论应当出具国家秘密鉴定书。国家秘密鉴定书应当包括以下内容：

（一）鉴定事项名称或者内容；

（二）鉴定依据和鉴定结论；

（三）其他需要说明的情况；

（四）鉴定机关名称和鉴定日期。

国家秘密鉴定书应当加盖保密行政管理部门印章。

第二十三条　保密行政管理部门应当在受理国家秘密鉴定申请后30日内作出鉴定结论并出具国家秘密鉴定书。因鉴定事项疑难、复杂等不能按期出具国家秘密鉴定书的，经保密行政管理部门负责人批准，可以适当延长工作时限，延长时限最长不超过30日。

保密行政管理部门征求有关机关、单位鉴定意见，进行专家咨询时，应当明确答复期限，一般不超过15日；对鉴定事项数量较多、疑难、复杂等情况的，经双方协商，可以延长15日。

机关、单位提出鉴定意见，专家咨询等时间不计入保密行政管理部门国家秘密鉴定办理期限。

第四章　复　　核

第二十四条　办案机关有明确理由或者证据证明保密行政管理部门作出的鉴定结论可能错误的，可以向国家保密行政管理部门申请复核。

第二十五条 办案机关申请复核的,应当提交申请复核的公文,说明申请复核的内容和理由,按照本规定第九条、第十条要求提供相关材料,并附需要进行复核的国家秘密鉴定书。

第二十六条 国家保密行政管理部门受理复核申请后,应当向作出鉴定结论的保密行政管理部门调阅鉴定档案、了解有关情况,对其鉴定程序是否规范、依据是否明确、理由是否充分、结论是否准确等进行审核,并根据需要征求有关机关、单位鉴定意见,进行专家咨询或者组织开展危害评估。

第二十七条 国家秘密鉴定复核结论应当按照保密法律法规和保密事项范围等鉴定依据,在分析研判原鉴定情况以及有关意见基础上,报国家保密行政管理部门主要负责人审批后作出。

国家保密行政管理部门的复核结论为最终结论。

第二十八条 国家保密行政管理部门作出复核结论应当出具国家秘密鉴定复核决定书。

国家秘密鉴定复核决定书维持原国家秘密鉴定结论的,应当说明依据或者理由;改变原国家秘密鉴定结论的,应当作出最终的鉴定结论并说明依据或者理由。

国家秘密鉴定复核决定书应当以国家保密行政管理部门名义作出,并加盖印章,抄送作出原国家秘密鉴定结论的省(自治区、直辖市)保密行政管理部门。

第二十九条 国家保密行政管理部门应当在受理国家秘密鉴定复核申请后60日内作出复核结论并出具复核决定书。因鉴定事项疑难、复杂等不能按期出具国家秘密鉴定复核决定书的,经国家保密行政管理部门主要负责人批准,可以适当延长工作时限,延长时限最长不超过30日。

征求机关、单位鉴定意见,专家咨询时限按照本规定第二十三条第二、三款办理。

第五章 监督管理

第三十条 国家秘密鉴定工作人员与案件有利害关系或者其他关系可能影响公正鉴定的,应当自行回避;办案机关发现上述情形的,有权申请其回避。国家秘密鉴定工作人员的回避,由其所属保密行政管理部门决定。

机关、单位配合开展国家秘密鉴定工作的人员以及有关专家与案件有利害关系或者其他关系可能影响公正鉴定的,应当回避。

第三十一条 保密行政管理部门向机关、单位征求鉴定意见以及组织专家咨询时,应当对鉴定事项作以下处理:

(一)对涉及不同机关、单位或者行业、领域的内容进行拆分,不向机关、单位或者专家提供与其无关、不应由其知悉的内容;

(二)对涉嫌违法犯罪的责任单位或者责任人姓名等作遮盖、删除处理,不向机关、单位或者专家透露案情以及案件办理情况。

第三十二条 保密行政管理部门及其工作人员,配合开展国家秘密鉴定工作的机关、单位及其工作人员,以及有关专家,应当对国家秘密鉴定工作以及工作中知悉的国家秘密、工作秘密、商业秘密、个人隐私予以保密。

保密行政管理部门在征求鉴定意见、组织专家咨询等过程中,应当向有关机关、单位或者专家明确保密要求,必要时组织签订书面保密承诺。

第三十三条 国家秘密鉴定结论与机关、单位定密情况不一致的,保密行政管理部门应当通知机关、单位予以变更或者纠正;对机关、单位未依法履行定密管理职责、情节严重的,予以通报。

第三十四条 省(自治区、直辖市)保密行政管理部门应当将年度国家秘密鉴定工作情况和作出的国家秘密鉴定结论报国家保密行政管理部门。

第三十五条 保密行政管理部门依法办理国家秘密鉴定,不受其他机关、单位,社会团体和个人干涉。

保密行政管理部门未依法履行职责,或者滥用职权、玩忽职守、徇私舞弊的,对负有责任的领导人员和直接责任人员依法进行处理;构成犯罪的,依法追究刑事责任。

第三十六条 在国家秘密鉴定工作中,负有配合鉴定义务的机关、单位及其工作人员拒不配合,弄虚作假,故意出具错误鉴定意见,造成严重后果的,对直接负责的主管人员和其他直接责任人员依法进行处理;构成犯罪的,依法追究刑事责任。

第六章 附 则

第三十七条 保密行政管理部门办理涉嫌泄露国家秘密案件时,可以根据工作需要,按照本规定直接进行国家秘密鉴定。

鉴定事项产生单位属于军队或者鉴定事项涉嫌属于军事秘密的,由军队相关军级以上单位保密工作机构进行国家秘密鉴定或者协助提出鉴定意见。

第三十八条 执行本规定所需要的文书式样,由国家保密行政管理部门统一制定。工作中需要的其他文书,国家保密行政管理部门没有制定式样的,省(自治区、直辖市)保密行政管理部门可以自行制定式样。

第三十九条 本规定由国家保密局负责解释。

第四十条 本规定自2021年9月1日起施行。2013年7月15日国家保密局发布的《密级鉴定工作规定》(国保发〔2013〕5号)同时废止。

派生国家秘密定密管理暂行办法

（2023年2月27日印发　自2023年4月1日起施行）

第一条　为规范派生国家秘密定密（以下简称派生定密）管理，根据《中华人民共和国保守国家秘密法》及其实施条例，制定本办法。

第二条　本办法适用于国家机关和涉及国家秘密的单位（以下简称机关、单位）开展派生定密的工作。

第三条　本办法所称派生定密，是指机关、单位对执行或者办理已定密事项所产生的国家秘密，依法确定、变更和解除的活动。

第四条　本办法所称保密要点（以下简称密点），是指决定一个事项具备国家秘密本质属性的关键内容，可以与非国家秘密以及其他密点明确区分。

第五条　机关、单位开展派生定密，不受定密权限限制。无法定定密权的机关、单位可以因执行或者办理已定密事项，派生国家秘密。具有较低定密权的机关、单位可以因执行或者办理较高密级的已定密事项，派生超出本机关、单位定密权限的国家秘密。

第六条　机关、单位负责人及其指定的人员为本机关、本单位的派生定密责任人，履行派生国家秘密确定、变更和解除的责任。

第七条　机关、单位因执行或者办理已定密事项而产生的事项（以下简称派生事项），符合下列情形之一的，应当确定为国家秘密：

与已定密事项完全一致的；

涉及已定密事项密点的；

是对已定密事项进行概括总结、编辑整合、具体细化的；

原定密机关、单位对使用已定密事项有明确定密要求的。

第八条　派生国家秘密的密级应当与已定密事项密级保持一

致。已定密事项明确密点及其密级的，应当与所涉及密点的最高密级保持一致。

第九条 派生国家秘密的保密期限应当按照已定密事项的保密期限确定，或者与所涉及密点的最长保密期限保持一致。已定密事项未明确保密期限的，可以征求原定密机关、单位意见后确定并作出标注，或者按照保密法规定的最长保密期限执行。

第十条 派生国家秘密的知悉范围，应当根据工作需要确定，经本机关、本单位负责人批准。能够限定到具体人员的，限定到具体人员。

原定密机关、单位有明确规定的，应当遵守其规定。

第十一条 派生国家秘密的确定应当按照国家秘密确定的法定程序进行。承办人依据已定密事项或者密点，拟定密级、保密期限和知悉范围，报定密责任人审核。定密责任人对承办人意见进行审核，作出决定。

派生定密应当作出书面记录，注明承办人、定密责任人和定密依据。定密依据应当写明依据的文件名称、文号、密级、保密期限等。

第十二条 机关、单位所执行或者办理的已定密事项没有变更或者解密的，派生国家秘密不得变更或者解密；所执行或者办理的已定密事项已经变更或者解密的，派生国家秘密的密级、保密期限、知悉范围应当及时作出相应变更或者予以解密。

机关、单位认为所执行或者办理的已定密事项需要变更或者解密的，可以向原定密机关、单位或者其上级机关、单位提出建议。未经有关机关、单位同意，派生国家秘密不得擅自变更或者解密。

第十三条 派生国家秘密的变更、解除程序应当履行国家秘密变更或者解除的法定程序。承办人依据已定密事项或者密点的变更、解除情况，提出派生国家秘密变更或者解除意见，报定密责任人审核批准，并作出书面记录。

书面记录应当注明承办人、定密责任人、已定密事项或者密点的变更或者解除情况,以及解密后作为工作秘密管理或者予以公开等。

第十四条 派生事项不是对已定密事项内容或者密点进行概括总结、编辑整合、具体细化的,不应当派生定密。该事项是否需要定密,应当依照保密法律法规和国家秘密及其密级具体范围(以下简称保密事项范围)判断。

第十五条 派生事项既包括已定密事项内容或者密点,也包括有关行业、领域保密事项范围规定事项的,应当同时依据已定密事项和有关保密事项范围进行定密。密级、保密期限应当按照已定密事项和保密事项范围规定事项的最高密级、最长保密期限确定。知悉范围根据工作需要限定到最小范围。

第十六条 原定密机关、单位应当准确确定并规范标注国家秘密的密级、保密期限和知悉范围。对涉密国家科学技术、涉密科研项目、涉密工程、涉密政府采购以及其他可以明确密点的,应当确定密点并作出标注;不能明确标注的,可以附件、附注等形式作出说明。对无法明确密点的,可以编制涉密版和非涉密版,或者对执行、办理环节是否涉及国家秘密、工作秘密等提出明确要求。

原定密机关、单位发现其他机关、单位执行或者办理本机关、本单位已定密事项存在派生定密不当情形的,应当及时要求纠正或者建议纠正,必要时提起保密行政管理部门通知纠正或者责令整改。

第十七条 机关、单位对已定密事项是否已变更或者解除以及派生事项是否涉及密点等情况不明确的,可以向原定密机关、单位请示或者函询,原定密机关、单位应当及时予以答复。

第十八条 机关、单位应当依法履行派生定密主体责任,加强对本机关、本单位派生定密的监督管理,发现存在派生定密不当情形的,应当及时纠正。

第十九条 上级机关、单位应当加强对下级机关、单位派生定密的指导和监督,发现下级机关、单位派生定密不当的,应当及时通知其纠正,也可以直接纠正。

第二十条 各级保密行政管理部门应当依法对机关、单位派生定密进行指导、监督和检查,对发现的问题及时通知纠正或者责令整改。

第二十一条 机关、单位发现定密责任人和承办人定密不当,有下列情形之一的,应当及时纠正并进行批评教育;造成严重后果的,依规依纪依法给予处分:

(一)派生事项应当确定国家秘密而未确定的;

(二)派生事项不应当确定国家秘密而确定的;

(三)未按照法定程序派生定密的;

(四)未按规定标注派生国家秘密标志的;

(五)未按规定变更派生国家秘密的密级、保密期限、知悉范围的;

(六)派生国家秘密不应当解除而解除的;

(七)派生国家秘密应当解除而未解除的;

(八)违反本办法的其他情形。

第二十二条 本办法由国家保密局负责解释。

第二十三条 本办法自2023年4月1日起施行。

国家秘密定密管理规定

(2025年3月18日国家保密局令2025年第1号公布
自2025年5月1日起施行)

第一章 总 则

第一条 为规范国家秘密定密管理,根据《中华人民共和国保守国家秘密法》(以下简称保密法)及其实施条例,制定本规定。

第二条　本规定所称定密，是指国家机关和涉及国家秘密的单位（以下简称机关、单位）依法确定、变更和解除国家秘密的活动。

定密包括原始定密和派生定密。机关、单位在定密权限内，对其所产生的属于国家秘密及其密级的具体范围（以下简称保密事项范围）规定的国家秘密，依法确定、变更和解除的活动为原始定密。机关、单位对执行或者办理已定密事项所产生的国家秘密，依法确定、变更和解除的活动为派生定密。

第三条　机关、单位国家秘密确定、变更和解除以及定密责任人的管理、定密授权和定密监督等工作，适用本规定。

第四条　机关、单位定密应当坚持最小化、精准化原则，做到权责明确、依据充分、程序规范、及时准确，既确保国家秘密安全，又便利信息资源合理利用。

第五条　机关、单位应当依法开展定密工作，建立健全相关管理制度，定期组织培训和检查，接受保密行政管理部门和业务主管部门或者上级机关、单位的指导和监督。

第二章　定 密 依 据

第六条　保密事项范围是国家秘密确定、变更和解除的依据。

保密事项范围由国家保密行政管理部门单独或者会同有关中央和国家机关规定。国家保密行政管理部门会同有关中央和国家机关规定的，由部门主要负责人共同签署批准。

军事方面的保密事项范围，由中央军事委员会规定。

第七条　保密事项范围包括正文和目录。正文规定本行业、本领域国家秘密的基本范围，目录规定国家秘密具体事项的名称、密级、保密期限、知悉范围和产生层级。

第八条　保密事项范围的确定应当遵循必要、合理原则，科学论证评估，并根据情况变化及时修订。制定、修订保密事项范围应当充分听取有关机关、单位和相关行业、领域专家的意见。

保密事项范围应当在有关范围内公布。保密事项范围内容属于国家秘密的，应当依法确定密级和保密期限。

第九条 国家保密行政管理部门负责对保密事项范围制定、修订和使用工作进行指导监督。中央和国家机关负责组织制定、修订本行业、本领域保密事项范围并组织教育培训，对保密事项范围的使用进行指导监督。地方各级保密行政管理部门负责对本行政区域内机关、单位使用保密事项范围工作进行指导监督。

第十条 有定密权的机关、单位应当依据本行业、本领域和相关行业、领域保密事项范围目录，制定、修订国家秘密事项一览表，明确本机关、本单位产生的国家秘密事项的具体内容、密级、保密期限、知悉范围、产生部门或者岗位、制定依据等。

国家秘密事项一览表，应当经本机关、本单位负责人审定后实施，并报同级保密行政管理部门备案。

第三章 定密权限

第十一条 机关、单位原始定密应当遵守定密权限。中央和国家机关、省级机关可以确定绝密级、机密级和秘密级国家秘密；设区的市级机关可以确定机密级和秘密级国家秘密。

机关、单位产生保密事项范围明确规定的国家秘密事项，但该机关、单位没有定密权或者定密权限低于该国家秘密事项的密级的，应当先行采取保密措施，并立即报请有相应定密权限的上级机关、单位确定；没有上级机关、单位的，应当立即提请有相应定密权限的业务主管部门或者保密行政管理部门确定。

机关、单位开展派生定密，不受定密权限限制。

第十二条 中央和国家机关、省级机关以及设区的市级机关（以下统称授权机关）可以根据保密工作需要或者有关机关、单位申请，在国家保密行政管理部门规定的定密权限、授权范围内，作出定密授权。

保密行政管理部门应当将授权机关名单在有关范围内公布,并根据情况变化及时调整。

第十三条 中央和国家机关、省级机关可以在工作职责范围内作出授予绝密级、机密级和秘密级国家秘密定密权的决定。设区的市级机关可以在工作职责范围内作出授予机密级和秘密级国家秘密定密权的决定。

定密授权不得超出授权机关的定密权限。被授权机关、单位不得再行授权。

第十四条 授权机关根据工作需要,可以对经常产生本行业、本领域保密事项范围规定事项但无相应定密权限的机关、单位作出定密授权;也可以对承担本机关涉密业务的机关、单位,就具体事项作出定密授权。

第十五条 没有定密权但经常产生国家秘密事项的机关、单位,或者虽有定密权但经常产生超出其定密权限的国家秘密事项的机关、单位,可以向授权机关申请定密授权。

机关、单位申请定密授权,应当向有相应定密权限的业务主管部门或者上级机关提出。无法按照上述规定申请授权的,可以向国家保密行政管理部门或者省、自治区、直辖市保密行政管理部门提出。

机关、单位申请定密授权,应当书面说明拟申请的定密权限、事项范围、授权期限以及申请依据和理由。

第十六条 有下列情形之一的,国家保密行政管理部门或者省、自治区、直辖市保密行政管理部门可以根据工作需要或者有关机关、单位申请,作出授予定密权的决定:

(一)申请定密授权的机关、单位没有上级机关或者业务主管部门不明确的;

(二)定密授权申请涉及多个行业、领域国家秘密事项的;

(三)保密行政管理部门认为需要授予定密权的其他情形。

中央单位应当向国家保密行政管理部门申请定密授权,其他单位应当向省、自治区、直辖市保密行政管理部门申请定密授权。

第十七条 授权机关依照本行业、本领域保密事项范围作出定密授权。根据工作需要，上级机关可以对下级机关、单位的组织、纪检监察、财务、审计、保密、档案、信访等事项作出定密授权。

第十八条 授权机关收到定密授权申请后，应当依据保密法律法规和保密事项范围对是否符合授权条件进行审查，在30日内作出定密授权或者不予授权的决定。

定密授权决定应当以书面形式作出，明确被授权机关、单位的名称和具体定密权限、事项范围、授权期限，授权期限一般不超过5年。

第十九条 授权机关应当对被授权机关、单位行使定密权情况进行监督，对发现的问题及时纠正。

被授权机关、单位应当规范行使定密权，主动向授权机关报告定密权行使情况，接受授权机关指导、监督。

保密行政管理部门发现定密授权不当或者被授权机关、单位对定密权行使不当的，应当通知有关机关、单位纠正。

第二十条 被授权机关、单位不再经常产生授权范围内的国家秘密事项，或者因保密事项范围调整授权事项不再作为国家秘密的，授权机关应当及时撤销定密授权。

因保密事项范围调整授权事项密级发生变化的，授权机关应当重新作出定密授权。

第二十一条 中央和国家机关、省级机关和省、自治区、直辖市保密行政管理部门作出的授权决定和撤销授权决定，应当报国家保密行政管理部门备案。设区的市级机关作出的授权决定和撤销授权决定，应当报省、自治区、直辖市保密行政管理部门备案。

机关、单位收到定密授权决定或者撤销定密授权决定后，应当报同级保密行政管理部门备案。

第四章 定密责任人

第二十二条 机关、单位主要负责人为本机关、本单位的法定定密责任人，对定密工作负总责。

根据工作需要，机关、单位法定定密责任人可以明确本机关、本单位其他负责人、内设机构负责人或者其他人员为指定定密责任人，并明确相应的定密权限，负责其职责范围内定密工作。指定定密责任人不得再确定其他人员为定密责任人。

机关、单位定密责任人应当熟悉涉密业务工作，符合在涉密岗位工作的基本条件。

第二十三条 机关、单位应当在本机关、本单位内部公布定密责任人名单及其定密权限，并报同级保密行政管理部门备案。

第二十四条 定密责任人在职责范围内承担国家秘密确定、变更和解除工作，指导、监督职责范围内的定密工作。主要包括：

（一）对承办人拟定的国家秘密的密级、保密期限和知悉范围进行审核批准；

（二）对本机关、本单位确定的尚在保密期限内的国家秘密进行审核，作出是否变更或者解除的决定；

（三）参与制定修订本机关、本单位国家秘密事项一览表；

（四）对不明确事项先行拟定密级、保密期限和知悉范围，采取相应的保密措施，并按照规定的程序报相应的保密行政管理部门确定；

（五）研究办理有关机关、单位提出的定密异议；

（六）对拟公开的已解密事项提出保密审查意见；

（七）对保密事项范围的制定、修订，以及加强和改进定密工作，提出意见建议。

第二十五条 机关、单位定密责任人和承办人应当接受定密培训，熟悉定密职责和有关保密事项范围，掌握定密程序和方法。

第二十六条 机关、单位法定定密责任人发现指定定密责任人未依法履行定密职责的，应当及时纠正；有下列情形之一的，应当作出调整：

（一）不符合本规定第二十五条定密责任人岗位要求，无法履行定密职责的；

（二）定密不当，情节严重的；

（三）因离岗离职无法继续履行定密职责的；

（四）保密行政管理部门建议调整的；

（五）因其他原因不宜从事定密工作的。

第五章　国家秘密确定

第二十七条　机关、单位原始定密应当按照定密权限，依据保密事项范围确定密级、保密期限和知悉范围：

（一）密级应当按照目录的规定确定，不得高于或者低于规定的密级；

（二）保密期限应当在目录规定的最长保密期限内合理确定，不得超出最长保密期限。明确为长期的，不得擅自变更。规定解密条件或者解密时间的，从其规定；

（三）知悉范围应当依据目录的规定，根据工作需要限定到具体人员。不能限定到具体人员的，应当限定到具体单位、部门或者岗位；

（四）产生层级应当符合目录的规定，不符合目录规定，确需定密的，报上级机关、单位确定。

第二十八条　机关、单位派生定密应当依据所执行或者办理的已定密事项确定密级、保密期限和知悉范围。

第二十九条　下列事项不得确定为国家秘密：

（一）需要社会公众广泛知晓或者参与的；

（二）属于工作秘密、商业秘密、个人隐私的；

（三）已经依法公开或者无法控制知悉范围的；

（四）法律、法规或者国家有关规定要求公开的。

机关、单位因执行或者办理已定密事项而产生的事项，不涉及对已定密事项内容进行概括总结、编辑整合、具体细化的，不应当派生定密。

第三十条 机关、单位确定国家秘密，应当由承办人拟定密级、保密期限和知悉范围，经定密责任人审核批准，并作出书面记录，注明承办人、定密责任人和定密依据。

第三十一条 机关、单位对具备国家秘密本质属性，可以与非国家秘密明确区分的关键内容，可以标注密点。对涉密科研项目、涉密工程、涉密政府采购等可以明确密点的，应当确定密点并作出标注；不能明确标注的，可以以附件、附注等形式作出说明。

同一事项涉及多个密点，且密级和保密期限不同的，应当分别进行标注，并按照涉及密点的最高密级和最长保密期限确定该事项的密级和保密期限。

国家保密行政管理部门制定密点标注的具体规定和标准。

第三十二条 国家秘密具体保密期限一般应当以日、月或者年计；不能确定具体保密期限的，应当确定解密时间或者解密条件。国家秘密的解密条件应当明确、具体、合理。

除保密事项范围有明确规定外，国家秘密的保密期限不得确定为长期。

第三十三条 国家秘密的知悉范围应当在国家秘密载体上标明。不能标明的，应当书面通知知悉范围内的机关、单位或者人员。

第三十四条 国家秘密一经确定，应当在国家秘密载体上规范作出国家秘密标志。国家秘密标志形式为“密级★保密期限”、“密级★解密时间”或者“密级★解密条件”。

在纸介质和电子文件国家秘密载体上作出国家秘密标志的，应当符合有关国家标准。没有国家标准的，应当标注在封面左上角或者标题下方的显著位置。光介质、电磁介质等国家秘密载体和属于国家秘密的设备、产品的国家秘密标志，应当标注在壳体及封面、外包装的显著位置。

国家秘密标志应当与载体不可分离，明显并易于识别。

无法作出或者不宜作出国家秘密标志的，确定该国家秘密的机关、单位应当书面通知知悉范围内的机关、单位或者人员。

第三十五条 机关、单位对汇聚、关联后符合保密事项范围有关规定的数据，应当依法加强安全管理，防范数据泄露。汇聚、关联后的数据达到一定精度或者规模，符合保密法第十三条和第十四条规定，但保密事项范围没有相关规定的，应当先行采取保密措施，并报主管该行业、领域的有关中央和国家机关确定。

中央和国家机关应当加强对本行业、本领域数据汇聚、关联定密工作的指导。

第三十六条 两个以上机关、单位共同产生的国家秘密事项，由主办机关、单位征求协办机关、单位意见后确定。

临时性工作机构的定密工作，由承担该机构日常工作的机关、单位负责。

第六章 国家秘密变更

第三十七条 有下列情形之一的，机关、单位应当对所确定国家秘密的密级、保密期限或者知悉范围及时作出变更：

（一）定密时所依据的法律法规或者保密事项范围发生变化的；

（二）泄露后对国家安全和利益的损害程度发生明显变化的；

（三）派生定密所执行或者办理的已定密事项已经变更的。

必要时，上级机关、单位或者业务主管部门可以直接变更下级机关、单位确定的国家秘密事项的密级、保密期限或者知悉范围。

派生定密的机关、单位对已定密事项是否变更不明确的，可以向原定密机关、单位请示或者函询，原定密机关、单位应当及时予以答复。

第三十八条 机关、单位认为需要延长所确定国家秘密保密期限的，应当在保密期限届满前作出决定；延长保密期限使累计保密期限超过保密事项范围规定的，应当报制定该保密事项范围的中央和国家机关批准，中央和国家机关应当在接到报告后 30 日内作出决定。

第三十九条 国家秘密知悉范围内的机关、单位，其有关工作人员不在知悉范围内，但因工作需要知悉国家秘密的，应当经本机关、本单位主要负责人或者其指定的人员批准。

国家秘密知悉范围以外的机关、单位及其人员，因工作需要知悉国家秘密的，应当经原定密机关、单位同意。

原定密机关、单位对扩大知悉范围有明确规定的，应当遵守其规定。

扩大国家秘密知悉范围应当作出详细记录。

第四十条 国家秘密变更按照国家秘密确定程序进行并作出书面记录。

国家秘密变更后，应当及时在原国家秘密标志附近重新作出国家秘密标志。

第四十一条 机关、单位变更国家秘密的密级、保密期限或者知悉范围的，应当书面通知知悉范围内的机关、单位或者人员。有关机关、单位或者人员接到通知后，应当在国家秘密标志附近标明变更后的密级、保密期限和知悉范围。

延长保密期限的通知，应当于原定保密期限届满前送达知悉范围内的机关、单位或者人员。

第七章 国家秘密解除

第四十二条 机关、单位应当每年审核所确定的国家秘密，在保密期限内有下列情形之一的，应当及时解密：

（一）法律法规或者保密事项范围调整后，不再属于国家秘密的；

（二）公开后不会损害国家安全和利益，不需要继续保密的；

（三）根据现行法律法规和国家有关规定，应当予以公开或者需要社会公众广泛知晓的；

（四）派生定密所执行或者办理的已定密事项已经解密的。

派生定密的机关、单位对已定密事项是否解密不明确的，可以向原定密机关、单位请示或者函询，原定密机关、单位应当及时予以答复。

第四十三条 明确标注具体保密期限的国家秘密事项，保密期限已满，经原定密机关、单位审核未延长保密期限的，自行解密。解密时间已到或者符合解密条件的，自行解密。

凡未明确标注具体保密期限、解密时间或者解密条件，且未就保密期限作出书面通知的国家秘密事项，其保密期限按照绝密级事项30年、机密级事项20年、秘密级事项10年执行。国家另有规定的，从其规定。

保密事项范围明确规定保密期限为长期的国家秘密事项，机关、单位不得擅自解密；确需解密的，应当报制定该保密事项范围的中央和国家机关批准，中央和国家机关应当在接到报告后30日内作出决定。

第四十四条 国家秘密解除应当按照有关规定履行解密程序并作出书面记录。

国家秘密解除后，应当及时在原国家秘密标志附近作出解密标志；无法或者不宜作出解密标志的，应当以其他方式作出说明。

第四十五条 除正式公布的外，机关、单位解除国家秘密，应当书面通知知悉范围内的机关、单位或者人员。解密通知可以单独发布或者以目录形式集中发布。

第四十六条 机关、单位对所产生的国家秘密事项，解密后需要公开的，应当进行保密审查。

机关、单位对已解密的不属于本机关、本单位产生的国家秘密事项，需要公开的，应当经原定密机关、单位同意。

机关、单位公开已解密的文件资料，不得保留国家秘密标志。对国家秘密标志以及属于其他不宜公开的敏感信息，应当作删除、遮盖等处理。

第四十七条　机关、单位对拟移交各级国家档案馆的尚在保密期限内的国家秘密档案，应当进行解密审核，对本机关、本单位产生的符合解密条件的档案，应当予以解密。

已依法移交各级国家档案馆的属于国家秘密的档案，其解密办法由国家保密行政管理部门会同国家档案主管部门另行制定。

第八章　定密监督

第四十八条　机关、单位应当定期对本机关、本单位定密以及定密责任人履行职责、定密授权等定密制度落实情况进行检查，对发现的问题及时纠正。

第四十九条　具有系统管理或者指导职能的中央和国家机关应当在其职权范围内对本系统、本行业的定密工作进行管理或者指导，监督执行定密规定。

上级机关、单位或者业务主管部门发现下级机关、单位定密不当的，应当及时通知其纠正，也可以直接作出确定、变更或者解除的决定。

第五十条　机关、单位应当向同级保密行政管理部门报告本机关、本单位年度国家秘密确定、变更和解除等情况。下一级保密行政管理部门应当向上一级保密行政管理部门报告本行政区域年度定密工作情况。

保密行政管理部门应当依法对机关、单位定密工作进行指导、监督和检查，对发现的问题及时通知纠正或者责令整改。

第九章　法律责任

第五十一条　定密责任人和承办人违反本规定，有下列行为之一的，机关、单位应当及时纠正并进行批评教育；造成严重后果的，依纪依法给予处分并予以通报：

（一）应当确定国家秘密而未确定的；

（二）不应当确定国家秘密而确定的；

（三）超出定密权限定密的；

（四）未按照法定程序定密的；

（五）未按照规定标注国家秘密标志的；

（六）未按照规定变更国家秘密的密级、保密期限、知悉范围的；

（七）未履行解密审核责任的；

（八）不应当解除国家秘密而解除的；

（九）应当解除国家秘密而未解除的；

（十）违反本规定的其他行为。

第五十二条 机关、单位未依法履行定密管理职责，导致定密工作不能正常进行的，应当给予通报批评；造成严重后果的，应当依法追究直接负责的主管人员和其他直接责任人员的责任。

第十章 附 则

第五十三条 本规定第十四条、第十五条所指“经常”，是指近3年来年均原始产生6件以上国家秘密事项的情形。

第五十四条 各地区各部门可以依据本规定，制定本地区本部门国家秘密定密管理的具体办法。

第五十五条 公安、国家安全机关定密授权和定密责任人确定的具体办法，由国家保密行政管理部门会同国务院公安、国家安全部门另行制定。

第五十六条 本规定自2025年5月1日起施行。2014年3月9日国家保密局令第1号发布的《国家秘密定密管理暂行规定》、2017年3月9日国家保密局令第1号发布的《保密事项范围制定、修订和使用办法》同时废止。